老人
健康活動設計
シニア健康プロジェクト

～無論是誰在任何地方都可以實施的照護預防活動～

林博司、李劭懷◎譯

重信直人・今木雅英◎監修　　三宅基子・山崎一男◎編集

 老人服務叢書

YMCA

盧　序

　　全球人口老化正迅速發展，為此世界衛生組織於2002年在其出版的《活躍老化：政策架構》一書中，即明確指出「活躍老化為達成正向老化經驗願景的途徑」，強調老人照護應積極從推動健康促進、降低危險因子，以及提供友善與高品質照護環境，以延緩老人之失能或失智之進展，讓老人在「健康」、「參與」和「安全」達到最適化狀態，亦即讓老人有體力、耐力與腦力享受有意義和有品質的生活。活躍老化係為——「預防」的概念，正如本書所宣達的「日本介護預防的精神與積極做法」。日本係藉由社區志工和醫護人員支援照護預防活動，提供照護預防教育課程，推展運動訓練、改善飲食習慣、提升口腔機能、促進認知機能以及防止孤獨死亡，永續不斷地打造健康身體，進而達成「成功老化」和「健康老化」目標，是一本不但具理論基礎，又兼具可落實執行的老人預防保健的好書。內容深入淺出，圖文並茂，淺顯易懂，閱讀本書應能讓國人對老人照護預防和推廣，有更深的體認，若能加以引用，將能延緩我國老年人老化的進行，逐步達成在地老化和健康老化的目標。

　　本書適合大專院校老人照護相關科系參考學習，也適合長照相關機構及社區民眾研讀，在此鄭重推薦。

中華民國護理師護士公會全國聯合會

理事長　盧美秀

李 序

　　「健康」為人體身心機序之自然正常運作，此運作須有身心器官組織環節之基礎，加上從事經營生活面之活動及社會參與，再搭配一定的環境個人之因素條件。「健康」夙為人人所需所喜，但是健康並非可憑空輕易獲致者，達成健康之途徑或手段須透過保健之落實來達成。個人之健康防護除了在一定先天性生物醫學基礎之外，加上健康生活行為、所處環境及健康照護體系，方能有所造就。因此，「健康」必得要有所經營投入，個人落實其健康生活行為，國家社會須建構相關體制體系，方能造就健康之水平與結果，此早為世界先進各國健康保健之思維與具體工作目標。

　　長久以來，人類為尋求解決「健康」問題而必然有因應之投注，此想法及作為即形成文化文明發展演進基礎之一二。當人類面對健康問題時，首先發展出「醫療照顧」之作法，希冀透過醫療來解決健康問題，但是往往難以如願。當人類漸感到「照顧」所能解決處理者有其限制或瓶頸，且並不一定能敷其所需，故只好在不一定完全根絕健康問題之餘而求其次，即讓問題對象能有所回復、亦或求原況之勿使進展惡化或變壞、或緩解、留儲、或改善之、亦或有所強化提升，最後再則不然，則僅能消極尋取「支持」及「保護」之安排罷了，此即為「照護」之濫觴，此為人類文化文明發展的源頭與演進之必然歷程。「醫療」訴求早期掌握疾病狀況，「照護」訴求早期掌握功能障礙或失能問題。但是當面臨疾病狀況卻保有其生活面之活動參與功能，應無礙於其健康。當「醫療」遭逢瓶頸，並無法影響或取代健康活動參與等層面之際，須思考如何早期掌握功能障礙或失能問題，此亦為因應新世紀健康預防保健之需要，所凝聚出新的預防保健思維與框架。

　　國人一向重醫療而輕保健，已根深柢固地深植成為一種醫療保健之

次文化現象;這種次文化現象也完全反應在醫療專業人員的教育培訓、醫療專業執業之重心、健康之政策、資源的配置及健康照護體系建立之上,結果使得長期的醫療保健資源偏置、相關教育訓練不足、預防保健專業地位不受重視,也談不上理想之旅遊保健;從醫療保健相關之施政、周邊之支持、發展之優先順序、保險的給付等均受此深切波及,影響無盡深遠。在此情況下,不利於「新世紀預防保健」專業之養成與肯定,以及防制體系的建置、改造、重塑與運作。

推動預防保健乃落實健康所不可或缺,此在國內常以健康檢查來曲解涵蓋之,如此而常以成人健檢、老人或身心障礙健檢之思維,恐不易落實保健之理想;毋寧以中老年人之預防保健、老人或身心障礙預防保健,主要預防失能、預防身心障礙、預防照顧依賴者,應更為允妥,更為符合預防保健之理想。

台灣早屆高齡化之國度,且正迅速深化進行中,迅即可感知到高齡族群生活健康之慢性化、孱弱化、障礙化,以及由此而生之長期照護之供需問題,此為本世紀之一大議題。透過自助、他助、共助、公助似為因應長期照護問題之基本走向,然並不易進境。再者,長期照護之因應處理安排乃消極面之解決問題,落實推動健康活動參與則屬積極面之防範於未然,減少功能障礙或失能之發生、惡化或加速衰退,其層次又更往上提升。當國內還在上個世紀以來之醫療思維餘緒之下,國內仍止於以三高及癌症之慢性病篩檢為國家級之預防保健主軸之情況下,對照先進國家已然推進到活動參與為主軸之21世紀新預防保健之發展建置,寧不可不深思熟慮且憂心忡忡台灣之發展走向。

國內無論在一般之教育,或是專業之培訓,乃至政策面之設計及研究等,猶未深植21世紀新預防保健思維及做法,理所當然亦未能普及此新思維,當然仍待加強。在時序已進入21世紀,先進國家早在預防保健之思維、設計及處置等之政策、研究、實務以及教育培訓有所調整提升之際,國內除了亟亟迎頭趕上之外,似無他途。值國內須亟亟迎頭趕上之

際，已無多餘之人事物資源投注開發類似之運作系統。透過日本在因應高齡化趨勢及走向，官方及民間、中央至地方，在相關之思維理念、人文價值、操作施行、營運模式、體制平台、法政框架、財務規劃、知能技巧、評估介入、工具開發、專業培訓、團隊實（運）作、活動設計、品質監測、證照規範以及產業發展等，已然呈現一定之成果，適足為台灣之警思與加速趕上。

　　本書乃日本關西地區在因應中央之厚生勞働省之高齡化國度之對策，已能透過地方自治體之體制自行面對解決問題，亦能提出積極面預防保健之健康活動參與實務之推動推廣成果之一，兼顧理論與實務，既務實且具體可行。

　　為高齡者提供且安排正確而適切的生活健康活動及社會參與，殆為首要。有感於YMCA願以民間之力量率全國之先，大力推動健康活動參與之推動推廣，令人感心，緣為之序！

國立台北護理健康大學長期照護研究所教授

李世代 謹識

中譯本發行者的話

　　台灣人口比例以驚人的速度，邁向高齡化的社會。根據資料顯示，台灣人口老化的速度為全球之冠。預計台灣65歲以上人口比例在2014年將增為13%，之後將快速上升，至2051年將會達到37%。隨年邁人口擴增，安養及照護等需求也相對上升，為此國家社會福利支出也需要大幅的增加，人口快速老化的結果，造成台灣社會及家庭負擔日益的沉重。

　　高齡者照護預防工作的基本目的是維持高齡者身心靈的健康狀況，預防以及延遲其落入需要別人照護的景況，使其無論活得多久，都能過著自立、有尊嚴、有自我特色的生活。若能如此，將能幫助高齡者延長其個人生命、使其繼續享受個人精采的生命，同時也能降低社會及家庭在安養和照護上的精神與財政負擔。

　　《老人健康活動設計──無論是誰在任何地方都可以實施的照護預防活動》這本書是大阪府共同合作編製而成的。目的是要幫助從事照護預防工作的人員及社區志工，如何在社區推展高齡者照護預防工作。

　　本書內容淺顯易懂，不僅有基礎的理論，也有照護預防活動的內容、流程及帶領的範例，同時也有很多的數據、表格，提供實務操作上的使用。

　　本書對政府相關機構高齡者政策之制定、大學相關系所之研究參考、養護及照護機構高齡者健康促進活動之實務導入、社區關懷站及運動中心高齡者照護預防活動之設計、有志從事高齡者照護預防事業之人士及社區志工之養成、和對家中長者身心靈轉變之深度瞭解，都有非常大的助益。

　　在此特別感謝，日本大阪YMCA授權台北YMCA發行這本書之中文譯本。我們期盼藉由中譯本的發行，能讓國人對高齡者照護預防之觀念及

推廣工作能有更深一層的認知，進而在全國各個階層角落，將照護預防的工作推展開來，將我們的社會真正的帶入健康快樂的長壽社會。

願一切的榮耀、頌讚都歸給上帝

台北市中華基督教青年會前董事長

孫得雄

大阪YMCA總幹事的話

～讓每個人的人生更豐富、更重要～

　　當我們思考須重視每一個人的重要性的時候，就會注意到在地球上生活的每一個人都是有所不同的，同時也會感受到每個人的生活都需要彼此互相支持，互相幫助。為了使個人的人生更豐富、更重要，並能和大家共同生活下去，我們就要好好思索有哪些事情是自己能夠做的，而最重要的是將它們實現出來。

　　日本的高齡化正在迅速的進行，很快就會進入總人口中，每四人就有一人是65歲以上高齡者的時代，也可以預期到需要照顧的高齡者人口也會增加。進入高齡期後，當日常生活的自主能力變得困難時，能安心的接受照顧，並保有個人的尊嚴，在社區內建立起能讓高齡者繼續過著保有其個人特色的生活型態的支援制度，今後將會變得更為需要。

　　和社區裡許多高齡者的訪談中，我們可以感覺到抱持著「想要健康的活著」這種想法的人，比「想要活得長久」的人多。自己選擇自己想做的事，維持自己能做事的體力，對於要過豐富的人生而言，是很重要的。另外，保持對任何事情都願意接受挑戰的年輕精神，是維持高齡者身心健康的秘訣。實際上，在65歲以上的人口中，臥床不起的人口比例，在全國平均只有5％。而在高齡者高就業率和活動頻繁的地區中，其統計數字更明顯的占有更低的比例。這些地區的共同特點是，高齡者對於「自己的健康要自己守護」這種想法都抱持很高的意識。

　　大阪YMCA為了幫助高齡者維持他們的健康，使他們無論活多久，都能過自立的生活，因此從2006年開始和大阪府健康福利部高齡照護室合作，共同在大阪府以下的市、鎮、村推動照護預防的工作。其目的為：(1)促進高齡者彼此之間還有其他年齡層之間的社會關係；(2)透過綜合性

的健康運動計畫,協助高齡者維持其自立的生活;(3)提供對高齡者有意義的活動課程和具領導角色的志工活動。在這當中,讓高齡者潛在意識裡的「事到如今」、「已經太晚了」這種消極心態,轉變成「現在還能辦得到」的積極心態,這種轉變對高齡者在日常生活中能夠繼續維持運動的動機和促進其生活型態的改變是很重要的。

當我們在推展照護預防的工作時,同時也要兼顧讓高齡者擁有積極規劃自己人生的能力,不使他們對活動課程的內容和人際關係感到困惑,活動課程要有開放的氣氛、安全性,以及能有快樂地持續下去的因素,為此我們製作了這本書。

我們衷心的期盼能和大家一起,共同支援每個人重要的人生,以及共同挑戰高齡化社會所產生的課題。

大阪YMCA總幹事

末岡祥弘

譯者序

~打造樂活、尊嚴、有價值的老後時光~

　　從世界衛生組織WHO提出「在地老化」（Aging in Place）的選項概念之後，各個國家開始重視，對人老後生活的規劃予以重新定義。當年齡增長變老後，不該只重視所謂醫療面的醫院診察、輪迴看病。每個人都有機會變成長輩，而為了自己的健康與摯愛的家人，沒人願意成為他人的「包袱」及「累贅負擔」。所以「活力老化」與「健康促進」的活動，一直是許多人在退休生活規劃中，嚮往並欲努力達成的目標。在銀髮照顧的先進國家：「北歐芬蘭」以及「亞洲日本」的過去經驗中，延長所謂的「健康餘命」，並減少「醫療健保」的支出，「預防失能」是一個需要、必要且應該在事前及早投入的工作，國民的健康程度跟國家整體的經濟發展、產業經營，都有密不可分的關係。而位居亞洲的日本，在世界最長壽國銀髮族照顧的經驗中，已具體且實務性地發展了所謂的「預防失能」系列活動。而本書所提到的內容中，「預防跌倒」、「高齡者營養」、「口腔機能」、「預防失智」、「防止獨居死亡」的五大活動項目，是日本在2006年由大阪府統籌歸納，為日本銀髮族打造出樂活、尊嚴、有價值的老後時光過程中，所必須投入的重點方向。本書是以「快樂開心」為出發點，從教導社區高齡者，以非常基本簡單的學理概念開始，並在「交流互動」中融入學習，並藉此傳遞重要的健康資訊以及「失能預防」的概念。本書除了可以讓社區中願意投入「銀髮互動」、「樂活學習」的專業人員學習如何帶領團體活動的技巧要領之外，也可以讓社區中的「志工服務族群」用最簡單明瞭的方式，讓這些「對長者最需知道的知識」能夠清楚明瞭地自主學習，並傳遞給親人、鄰居，進而打造出所謂的「健康社區」、「健康城市」的遠景。而不是讓我們的老後生

活，成為如台灣專屬，老後只有「外勞」陪伴的「老外餘生」。劭懷為此，也實際到日本大阪YMCA，接受「介護預防指導者」的相關專業訓練，取得認證，並擔任「口譯」以及「筆譯」的要務。也由衷希望藉由本書的中文化，讓更多華人圈的在學學生、志工、銀髮族等相關專業人員，能吸收到更多的資訊及原則，讓更多的人士受惠，同時為了即將或是早晚會變成的「未來高齡者」們，打造快樂、有尊嚴的老後生活。

　　最後，劭懷也感謝台北YMCA、大阪YMCA所給予的學習機會，也感謝台灣威仕曼文化出版公司的大力協助及配合，以及校稿時辛苦合作的協力團隊，晚輩學經歷疏淺，內容當有欠周延之處，期待各界前輩先進不吝給予鞭策、指教。

台大智活Insight

李劭懷 謹識

中文校稿協助團隊

林昭郎　張文俊　陳祖榮　林勁錚

詹亞勻　許芷毓　鍾聖都　張哲瑋

張大容　楊娟尊　李明秀

目　錄

Chapter 1　推展到各社區！照護預防活動的展開　1

Chapter 2　中高齡者健康活動課程的特色　13

Chapter 6　預防認知機能退化　　131
～瞭解並且預防失智症～

Chapter 7　志工的活動可以避免獨居死亡　　167

Chapter 8　永續不斷　打造健康身體　　199
～輕鬆地快樂地　持之以恆～

Chapter 1

推展到各社區！
照護預防活動的展開

一、如何順利推廣照護預防工作，你正在傷腦筋

　　嗎？～社區居民配合支援的照護預防活動～

二、照護預防事業成功案例的重點

三、實施照護預防事業的步驟

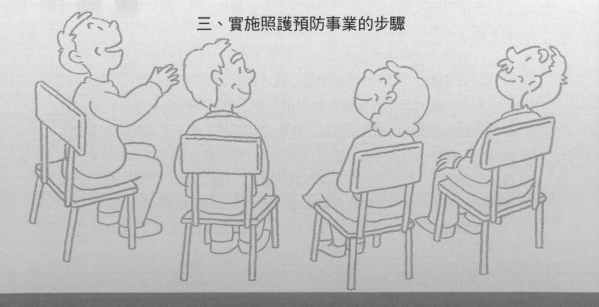

即使只有一天也好，想在自己熟悉的街上長久且健康自主的生活著。若要實現這個大家內心期盼的願望，就必須推廣由當地的居民相互支持的志工運動──「照護預防活動」。

在社區居民自發性的照顧該地區中高齡者的同時，自己將來也會受到居民的照顧……希望大家可以推廣這種新形成的社區照護預防活動。

一、如何順利推廣照護預防工作，你正在傷腦筋嗎？～社區居民配合支援的照護預防活動～

照護預防法制化，在日本自2006年正式施行，至2009年已有三年時光。於各鄉鎮市，包括社區支援中心人員雖然都有著「非要推行照護預防不可……」這樣的想法，但是對於如何認定需要照護的事務或掌握特定中高齡者族群，仍有其困難之處；實際上，在現實社會中推行照護預防並不容易。

在《照護保險法》（《介護保險法》）中把照護預防的對象分為：需一至二人支援，再分為特定高齡者及一般高齡者，適當地為其進行各種不同專業的協助，並有效地將各種資源聯結起來，將「預防制度」的概念完整建立並予以呈現。

「雖然知道照護預防的工作非實施不可，但是沒有專門人員……」這類的煩惱總是出現在我們周遭的小角落中。

對於已經被認定為需要支援與健康狀況已出現問題，這些族群所需要的照顧者必須經由專人指導後，才可進行照護工作。但是對於大多數在社區中那些精神飽滿的人，是可以由接受過專業嚴格訓練的志工們來負責實施照護預防，於固定時間及需要時由專人來提供指導與改進，再加上社區的居民自主的配合，對發揮照護預防的效果十分有幫助。

在鄉鎮市或社區支援中心工作的人員，或是想加入「照護預防制

度」的照護保險業者，以及想更進一步在社區中嘗試進行的志工們，便可以參考這本書，這是一本在「任何時間、任何地點、任何人都能使用」的有關照護預防活動相關事項的手冊，勇敢踏出「照護預防制度」的第一步吧！

那麼，像這樣以社區居民為主體所做的照護預防，應該如何推動比較好呢？照護預防的成功案例，在一般雜誌刊物或網站都有相關報導與介紹。以成功進行照護預防事業的社區為例，我們整理以下幾個重點來向讀者說明。

 二、照護預防事業成功案例的重點

(一)穩健腳步：全體共識

財團法人大阪市鎮村振興協會在2008年實施的「照護預防研究會」特別研究報告中，調查了以社區為主體，成功實施照護預防的三十八個市、鎮、村，分析了其成功的因素。

根據這項調查顯示，成功案例中有半數的市、鎮、村於2006年《照護保險法》修改以前就已開始著手進行照護預防。但由於提案者與健康服務中心或衛生所的保健師人數太多，而造成一些意外的結果。

這不僅是因為修改法律而使照護預防變得重要，我們推測與市、鎮、村中的照護保險或高齡福利部裡的工作人員仍然不夠努力有關係，或是健康諮商管理與機能訓練事業的老人保健部在主導照護預防事業和行政內部沒有獲得完全一致的共識有關。

雖然與照護預防有關的單位有照護保險課、高齡福利課，也包括社區中的支援中心、健康服務中心或衛生所，但若是從「居民主體」的觀點進行切入，社區福利課、國民健康保險課、生涯學習課、市民活動推進

課、自治推進課、宣傳課、財政課應該都有關聯性。

　　為了使事業成功，相關部門內主管及工作人員的全體共識、基礎觀念的鞏固是首要之事。並非一定要以招開會議來召集大家，亦可透過各部門緊密的意見交流、各部門專業的建議，相互瞭解內部提案單位的想法，部門內形成全體共同的意識，對於照護預防的推廣與實行才有成功的可能性。

(二)事業構想的建構

　　建構事業構想時的要領，在於如何將照護預防事業成為居民自身的事，例如：「不想成為臥床不起的人」、「不想成為失智症患者」是中高齡者迫切思考的問題。但是照護預防仍然不能廣為推動的原因是——照護預防事業計畫本身仍有問題存在。

　　隨著社區的不同，所居住的中高齡者氣質與需求亦有所不同，因此構想與該社區相稱的事業就變得極為重要。在這裡將事業構想所需的必要因素集合起來，考慮居民團體的參與，從中建立具有在地特色、符合社區需求、有彈性的計畫才是首要之事。

　　另外，在推動計畫的同時，財務來源的利用，在任何時候都是重要的課題。在《照護保險法》之下，於社區中設立的支援事業、照護預防事業、社區照護預防活動的支援事業都變成可以實施，不再只是一本本的企劃書或是居民心中的美麗夢想。但首要之事是瞭解這項制度後，能充分活用，進而為社區中的高齡者謀求更多、更好的福利。

　　為了建構照護預防事業及構想，所需列入考慮的要點如下：

◆得到居民的瞭解

　　活用市、鎮、村的宣傳媒體，以及自治會、長青社團等居民團體的聚會，並非強制性的逼迫參加，而是必須下工夫宣傳優點與好處，讓居民自發性地產生「來試試看吧！」這般自動自發的想法。

某市的長青社團、社區協會舉辦的照護預防講座實況

◆事業實施的場所

通常是由市、鎮、村提供公共設施的方式較多。居民能確保是在自
己熟悉的活動場所，他們會比較容易自主的參與。例如：可以善加利用自
治會館或長青社團的會館。

◆照護預防的領導者

開辦培養實施照護預防活動志工的講習班。培養照護預防的領導者是由市、鎮、村實施。可能培養訓練的志工人數（如某某地區有多少人適合培訓等）、講習會開辦的規模或願意參與的人數，重要的是要能事先評估及調整。

◆事業實施的次數

每週一次，三個月為一個循環的課程是最基本的方式，但並非機械式地強迫實施，實施次數同樣也要配合社區實際情形來進行彈性修正。重要的是要能讓居民繼續保持自動自發的自主性參與。

◆實施內容

活用本書的內容同時配合社區的實際運作狀況，製作專屬於社區、符合在地特色的手冊，也是更加瞭解社區自身特色，凝聚向心力，相當不錯的一項選擇。

◆實施方法

「照護預防教室」如果單獨舉行，有時候並不容易招集人數，但如果能和槌球練習或社區民眾聯誼等已在社區內定期舉行的活動同時進行，則不失為一種富有彈性的想法，也可增加居民參與的意願。

(三)確立實施體制

根據大阪「照護預防研究會」的報告，在各市、鎮、村裡會主動約談民眾的社區民眾組織，仍以長青社團、自治會等組織占多數。要實施以社區民眾為主體的照護預防，活用現有的組織為重要關鍵所在。

為了讓社區民眾保有主體的意識，並且與行政單位以夥伴的形式共

同合作，就必須讓社區民眾和行政單位有相同的理解與共識。

特別是用錄放影機或DVD介紹照護預防成果的例子，或者實際施作高齡者體適能檢測，讓大家瞭解及接受它的有效性是非常重要的。為了推廣照護預防活動，首先讓社區民眾瞭解照護預防的重要性，為了防止臥床不起的情形發生，自身必須能夠意識到維持健康的重要性，並且要有實際體驗的機會。要讓社區民眾能夠自己感覺到「這是一件好事情！」，才是最好的助力。

還有讓社區民眾主導推行事業時，有不少人認為自己不能成為照護預防的領導者而猶豫退縮。照護預防的工作實際開始以後，領導者的存在是絕對且必須的，活動的進行、工作的分配（如會場人員的點名與安全、宣傳廣告的製作、當日活動的餐點茶水準備），在在需要一位領導者的帶領且能與工作人員密切配合，才可確保活動的順利進行。

在社區民眾組織裡將工作作適當的分配，使每個人都能成為負責人和參與者，如此一來才能享受到預防的效果，因此明確提示社區民眾和政府各自所扮演的角色是很重要的一部分。為了培養社區民眾的自主性，確保活動場所的支援工作須由社區民眾負責，所以要先決定技術支援社區工作人員的人數，要避免某項支援工作人數過多等等的規則，於事前也一併同時訂定。

整理出各式各樣需執行的行政工作、居民該執行的工作內容，不要過度支援所規定的工作，可培養居民在工作當中，相互幫忙合作，培養向心力。在社區民眾能進入開始活動的狀況以前，不要勉強去規勸，靜心等待所有準備工作完成。即使會多花些時間，相信社區民眾的能力並守候他們才是成功的要領。

(四)實施事業後的支援

事業開始以後，必須要有專門人員的建議。這是因為照護預防的效

果參差不齊的緣故。要完全讓實施的團體發揮同等的效果,必須要定期聽取專家的建議。政府從中協調,讓健康服務中心或衛生所等機構派遣專家予以協助。

 # 三、實施照護預防事業的步驟

現在請大家實際來規劃在市、鎮、村實施的照護預防計畫。假設你是高齡福利部門中的職員,嘗試規劃實施事業的階段吧!

(一)步驟一

把這本書的計畫仔細研讀,把你的想像力盡情發揮。以大阪府的經驗來說,建立一個構想,先和股長商談,然後再找課長討論。

課長瞭解以後,為了穩固計畫的基礎,再和照護保險課、高齡福利課,包括社區的支援中心、健康服務中心或衛生所、社區福利課、健康保險課、社區民眾活動推展課、自治推展課、宣傳課、財政課的有關人員商談。

此時無須做出不合理的請求,可先尋求可以商討的部門,待內容具體化以後,可以提供協助的部門就會增加。

(二)步驟二

有了基礎的商討之後,就可以進入討論具體構想的階段。按照前面所說明的事業構想進行檢討。

◆為了獲得社區民眾的理解

在市、鎮、村廣為宣傳是無庸置疑的,在鎮會、公民館訊息報,

長青社團、政府社區協會的機關誌等都要刊載。有效利用在鎮會、公民館、老人社團、聯誼會、街角的茶館等地方小規模聚集場所舉行的小型演講會，來介紹照護預防的重要性或實際例子。

◆事業的實施場所

最容易且對於社區居民更加熟悉的地方便是由社區民眾自己提供的場所，再來便是事先就可把握方便實施的場所，如健康服務中心或衛生所、公民館、自治會館、老人休息之家、商店街中尚未租出或是未營業之店鋪等。其實，能夠運用的場所是比想像中的還要多。可以的話，也可具體將詳細住址整理表列出來。

◆照護預防的指導者

製作培養照護預防的指導者的計畫。比如三年之間，按照區域分配，每區三人等具體的培養人數，或為此所必須要舉行講習會的次數，其中內容要事先決定。

照護預防活動，除了指導者外，從製作的海報開始，報紙、紙杯、衛生紙、飲用茶水的準備，各種細部的工作都需要人幫忙。「我不是擔任指導者的料……」有這類猶豫的人員，我們必須給予鼓勵，建立其信心。

◆事業實施次數

為了達到照護預防的效果，最好能夠每週實施一次。實施場所的配合和人員集合的次數都要有彈性的空間配合。更重要的是──自行訂定能夠繼續實施的次數。

◆費用

在社區實施照護預防活動的費用政府是不支出的。培養指導者及事後

指導等費用，可由市政府的經費支出，但在開始時必須明確規定。同時，這個費用是由市政府的一般財源支出或是由照護預防事業的特別會計支出（社會支援事業專款），都要於事前先確定好，並且需要得到財政部門的瞭解。

(三)步驟三

基本構想建立後，就要開始製作實際的體制。將能實施服務的團體，一一舉出。

例如在日本的聯合鎮會、市內老人社團聯誼會、小區域工作網、公民館活動、農會婦女部、社區的NPO等，我們可以想到的全部列出。除了從高齡福利部門得到的情報外，也可以從其他部門的協助下獲得許多資訊。

之後向各團體、社團表達對服務事業的構想，並說明所需的支援與協助。若獲得鎮會、長青社團的協助，在概念與構想的推行上比較能夠順利進行。但是也會有例外的時候，所以要確保能配合實際狀況的團體及群隊。

(四)步驟四

此時是將服務事業付諸具體行動的階段。最初由開辦培養照護預防指導者的講座為出發。除了邀請各社團、社區團體外，因考慮到一般社區民眾，所以也需要以向外宣傳等方式召募一般大眾來加入講座。

再來要注意講座舉行後各社團以及一般民眾的反應。因為參加者有社團也有一般個人，所以是要再另外成立一個新興自主的群組或是要協助目前已經成立的社團，由於各社區文化及環境不同的差異，最好的方式便是開放讓大家進行討論與意見交流，以達到雙贏的局面。

另外，在此階段會需要使用空曠場地以及點心、茶水等需求，所以盡可能做好完善的事前準備，並做好場地租借的準備。

(五)步驟五

結束講座後要開始實際的活動。在此階段健康服務中心或衛生所裡的保健師、物理治療師、職能治療師、營養師、牙齒衛生師等專業人員需要從旁協助，最好能在現場為民眾提供諮詢的服務。

要擔任照護預防的指導者，需要擁有教導他人的能力，而教學方法會因為每個人的指導能力與教學方法而有所不同，所以在照護預防的指導者中，有些人因為變得有老師的氣質而願意指導別人。我們希望每位參加者能理解照護預防的重要是在乎於相互支援，所以除了專業人員給予建議外，指導者與指導者間相互給予建議也是必要的。

這個時期除了要實際測出效果是否顯著之外，也需要對照護預防的指導者給予表揚。表揚者的選定可由市長、縣長、里長或是其他高階主管等來給予表揚，除了給予指導者肯定外，也能讓社區居民瞭解到政府對於

照護預防志工指導者們，培訓講座結業式留影

推動服務事業的用心。之後照護預防活動計畫即可暫告一段落，接著進行討論及修正，將服務觀念普及，未來即便社區邁向高齡，居民仍可安居樂業的生活，無未來一片黯淡之憂。按照本書的步驟，一一實行，相信不論是在社區中的任何角落，只要有為社區服務的熱誠，經過訓練，人人都可以是照護預防工作的企劃者。

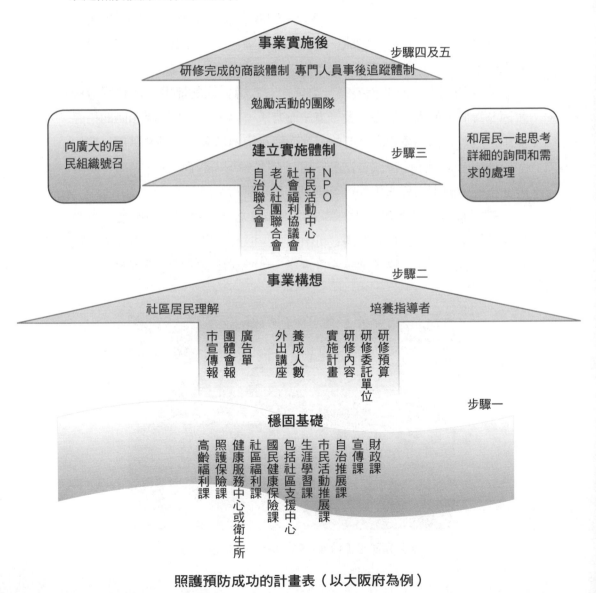

照護預防成功的計畫表（以大阪府為例）

Chapter 2

中高齡者健康活動課程的特色

一、各種活動課程的目標及注意事項

二、針對照護預防活動課程製作時的注意事項

三、實施照護預防活動計畫時的注意事項

四、照護預防活動課程表

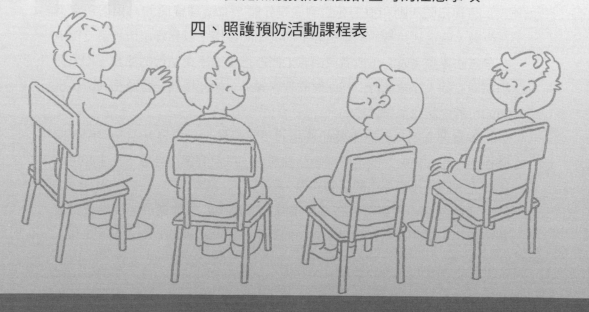

　　「不論什麼時候都精神飽滿、不想臥床不起、不希望孤獨死去……」

　　每個人的心中都有這些願望。但是為此需要規律的運動、飲食均衡攝取、口腔保健與假牙的保養……雖然我們都清楚這些都是對自己有益的事，卻很難踏出付諸行動的第一步。現在才發出「啊」、「吼」的嘆息聲已經太遲了！有很多人抱持著這樣的猶豫是不爭的事實。

　　如鄉鎮市社區支援中心等，雖然已告知民眾照護預防的必要性，或邀請居民參加講習，卻都得不到熱烈的回應。但是如果我們能夠說出照護預防的優點與實施的容易性，向社區居民廣為宣傳，瞭解社區居民與當地特色後，「搏感情」地對居民們盛情邀約「來參加看看呀！真的很容易，你一定做得到的」，相信慢慢的居民心中會產生「要不要參加看看」的想法，隨著時間，一傳十，十傳百，「大家都在努力進行，我不妨也來試試看」，如此一來，照護預防的概念與重要性才能在社區中傳開，為社區居民謀取更大的福利。要將不論是在任何地方誰都可實行的照護預防措施付諸行動，需要推出讓社區民眾都能接受的簡單講習，且能成為指導者的活動課程，本書的內文中將更進一步介紹如何防止孤獨死亡的活動課程。

　　照護預防活動和孤獨死亡到底是什麼？有這種疑問的人相信一定不在少數。能得到共識的關鍵是志工們之間的合作，只靠鄉鎮市社區支援中心是無法單獨完成的；或者只由志工們進行無法單獨執行的活動（如未經訓練便以個人經驗進行口腔保健的教學等），如此作為是會將拓展照護預防的可能性給完全抹煞掉的。

　　本章要介紹只靠志工就能實施的預防課程，包含提升運動機能、口腔機能、認知機能、改善營養等活動課程，以及鄉鎮市社區支援中心可以協助完成防止孤獨死亡的活動課程。

　　活動課程的內容可以在鄉鎮市社區支援中心所舉辦的志工培養講習會中使用。這些活動課程可作為一個範本，按照社區的實際情況，工作人

員可以在討論後，瞭解社區居民需求後進行安排。不用急著在一開始就要實行全部的內容，從自己能做到的部分開始即可，不需勉強。重要的是能夠持之以恆的將活動延續下去。

 # 一、各種活動課程的目標及注意事項

提升運動機能、改善營養均衡、提升口腔機能、提升認知機能以及防止孤獨死亡等各種活動課程的概要、目的及注意事項列舉如下，請參照第四節的照護預防活動課程表。

(一)提升運動機能的活動課程

1.時間：一次120分。

2.次數：一週1次，總共10次的活動課程。

3.對象人數：20～25名。

4.目的：

  (1)讓大家意識到因年紀增長而使身體機能逐漸衰弱的變化。

  (2)實行容易且可增加下肢肌力的平衡訓練（例如坐在椅子上的運動）。

  (3)平日的步行活動，用以防止因跌倒而造成長時間臥床不起。

5.注意事項：要充分理解運動的禁忌和注意事項，並考慮安全。

(二)改善營養均衡的活動課程

1.時間：120分。

2.次數：一週1次，總共7次的活動課程。

3.對象人數：20～25名。

4.目的：

　　(1)要讓大家瞭解偏食、飲食習慣不良、用餐時間不固定等所引起的營養均衡問題，以及正確攝取飲食的重要性。

　　(2)介紹即使是獨居者或高齡者也能輕鬆簡單調理膳食的方法。

　　(3)防止因營養不足所造成的臥床不起。

5.注意事項：

　　(1)要改變長年的飲食習慣較為困難。

　　(2)儘量避免強迫參加者一定要改善他們的飲食生活。

　　(3)可透過小遊戲或評量表等有趣的方法進行。

(三)提升口腔機能的活動課程

1.時間：一次90分鐘以及每日做健口體操。

2.次數：一月1次，總共4次的活動課程。

3.對象人數：20～25名。

4.目的：

　　(1)讓大家深刻瞭解能享用美食的美好。

　　(2)瞭解防止吞嚥機能降低及吸入性肺炎的健口體操。

　　(3)瞭解漱口、刷牙、假牙的保養等照顧口腔的基本知識。

5.注意事項：

　　(1)有關實施日常健口體操及吞嚥機能降低的說明可以由志工來進行。

　　(2)口腔衛生的體驗等可以由牙科醫師來協助進行。

(四)提升認知機能的活動課程

1.時間：一次120分。

2.次數：一週1次，總共10次的活動課程。

3.對象人數：20～25名。

4.目的：

(1)讓民眾瞭解失智症的症狀、病程等，並消除對於失智症的嚴重偏見，且能儘早發現疑似失智症的徵兆。

(2)透過提供各種有趣的活動，促進繼續和他人交流的意願，進而減少失智症的危險因子。

5.注意事項：

(1)透過活動課程的實施，如發覺到參加者的行為與原來不同時，請和專門機構洽談。

(2)不要直接告知家屬或本人是否罹患失智症，需委託專門機構處理即可。

(3)不可以駭人言論脅迫、恐嚇參與者。

(五)防止孤獨死亡的活動課程

1.時間：一次120分。

2.次數：一月1次，總共7次的活動課程。

3.對象人數：20～25名。

4.目的：

(1)理解孤獨死亡的現況，並明白孤獨死亡是需要自己處理的事。

(2)透過志工的活動防止獨居老人被社會所孤立。

5.注意事項：

(1)身為志工要十分理解能夠幫忙與無法介入之間的界線。

(2)理解主動關心對於住在社區裡高齡者的重要性。

二、針對照護預防活動課程製作時的注意事項

(一)對培養志工的機關、團體

如上所述，各社區的情況會因工作人員及參加者的狀況而有所不同，應適當參考本書所提供的活動課程。

培養志工的講習完成後，必須要創造讓參加者在開始進入社區活動前互相討論的機會。

(二)對投入志工活動的居民們

志工在社區實施照護預防的活動時，對活動課程實施的時間、次數、內容各自提出意見討論，詳細審慎評估自身能力後，付出自身最大努力讓活動更為精彩充實。

這時鄉鎮市社區支援中心的保健師、營養師、職能治療師、物理治療師、牙醫醫師等專業人員的意見，將其意見一併加入討論之中，使計畫更為出色、精彩。

志工人員並非專家，而是內心有服務社會的熱誠，在接受了志工研修訓練後，加入服務的人，需要慢慢累積經驗，才能使活動更加盡善盡美，是故對於打造高齡者的健康和實施照護預防活動，需要逐步以提升品質為目標，用真誠的態度投入計畫中，使計畫更加充實。

另外工作人員也有各自擅長與不擅長的部分，不需過分勉強自己，只要確實地負起責任，決定能實施的計畫，最後確實付諸實行即可。

三、實施照護預防活動計畫時的注意事項

(一)考慮活動過程中的安全規劃

實施照護預防活動時，安全為優先考慮之要素。在實行以防止跌倒為目的的訓練時跌倒了，或是在實行照護口腔或提高認知機能時受傷的話，那便是本末倒置，與初衷相互違背了。所以應該時時以參加者的安全為優先考量，並為防止事故的發生而付出心力，我們可於會場周圍設立急救站與救護車隨時待命。

雖然如此，萬一發生事故時，仍需儘快的想出對應辦法；對應的方法應事先確認。特別是掌握緊急聯絡人的電話、參加保險等對應措施，也必須事先考慮周詳。

◆實施計畫前的確認事項

實施計畫前，於參加者報名階段便可同時確認並統計參加者之身體狀況。

有符合下列項目的參加者，應該在實施計畫前就先確認好，在計畫進行中更要特別注意：

1. 有治療中的疾病、服用中的藥品等。
2. 裝有人工關節、植入人工瓣膜或接受人工透析者。
3. 醫師有限制、禁止的事情。

◆進行運動時的注意事項

除了提升運動機能的計畫，其他的計畫中如有身體活動時，要注意下列事項：

1. 隨時補充水分。
2. 運動前的暖身運動。
3. 待身體充分暖身過後再進行伸展運動，並且要在不引起身體不適的狀況下進行。
4. 呼吸頻率調節順暢，避免用力時閉氣。
5. 身體狀態不舒服時，不要勉強進行，告知身旁工作人員，並到一旁陰涼處休息。
6. 養成定期測量血壓的習慣。

◆活動應該停止的症狀

參加者發生下列症狀時，應該立刻停止活動；即使參加者沒有出現緊急的症狀，也應該勸導他們去就醫。

1. 感到胸痛或胸悶時。
2. 胸口突然感到不舒服，有嚴重胸悶的感覺。
3. 脈搏突然加速。
4. 感到不能呼吸或呼吸困難。
5. 冒冷汗。
6. 喉嚨異常乾渴。
7. 表情不適、透露出痛苦神情。

◆場所的選擇

以預防跌倒的運動為例，配合參加者的人數，需要考慮場地的寬敞度、地面狀況以及椅子。使用椅子要有充分的空間、不易滑動的地面、適合運動用的椅子（有安定性、沒有把手、不易滑動的材質）等是選擇的要點。

◆緊急時的對應

　　即使時時都顧慮到安全，但還是有發生事故的可能性，事先準備好應對措施極為重要。如發生事故要聯絡何處？何處是最近的醫療場所？該怎麼聯絡？……可以歸納在一個表格中，然後貼在會場顯眼之處，全體工作人員也要事先接受應對緊急事件的訓練，以防止現場手忙腳亂、不知所措之情形發生。

　　另外為了能聯絡參加者的家人，必須在事前說明會時彙整「緊急聯絡人名單」，並詳細記錄整理成表單，供工作人員查詢、聯絡。

(二)評估是為了引起動機

　　志工們實行各種計畫及評估，可以依評估結果協助參加者設定個人的目標，在活動結束後亦可明顯地看出參加計畫後的成果，有效利用各種計畫來引導出參加者的動機和意願。

　　參加者擬定的目標不只僅僅為個人紀錄，還可製作成具體可見的模式，進行成果發表，如成果發表海報、影片紀錄等，在講習會的場所張貼出來，讓大家能互相知道彼此的目標，除了激發大家的興致外，也增加了活動的趣味性。

　　計畫前後的評估由志工診斷，但判定結果仍需由專業人員來進行，這一點要請大家充分配合。

(三)與社區緊密相關的照護預防活動要時常招募新的參加者

◆照護預防活動和發現需要照顧的高齡者有所關聯

　　即使年歲已高，只要透過運動或口腔體操，也會有提升肌力、提升唾液分泌等的變化產生。

「實際上真正需要照護預防的族群，通常只能默默地孤身一人在社會的陰暗角落，獨自啜淚」。別讓他們就這樣漸漸地臥床不起，重要的是要讓他們參加照護預防的活動。

從身為居民的志工們開始，積極關心「打造健康」的行動。

◆沒有意願參加照護預防活動的人，如何讓他們開始參加？

無論是誰，碰到未曾接觸過的事物時都會有所躊躇、猶豫，理由因人而異。例如在身體方面是膝蓋或腰會痛；在外出時擔心可能會跌倒；在心理方面，可能因為配偶的死亡，所以不願嘗試；在生活環境上，可能因為住在公寓非得利用樓梯才能外出等。因為種種的理由，不論邀約多少次都拒絕參加者不在少數。

但是在同一個社區生活的鄰居進行邀約「打造健康的活動」或「一起出去走走怎麼樣？」時，說不定也會因此心動。

這種邀約方式對足不出戶和被社會孤立的人們，啟動與外界接觸的契機。

為了防止獨居老人在死亡後數個月才被發現的悲慘狀況，現在需要對社區居民做宣導的工作。

◆認同每一個人的生活方式

在社區生活的中高齡者，每個人的價值觀不盡相同，但大家的心中卻幾乎都抱持著相同的目標──「我想自然老化」。照護預防活動對中高齡者的生理及心理都有效果，所以會希望有許多的中高齡者參與這是無庸置疑的，但是接納每個人的希望或價值觀也是重點所在。

有機會的話向四周鄰居表達您的關心，這才是照護預防志工們的重要工作。一方面認同彼此的生活方式，再加上這些有點熱心的鄰居的存在，防止「孤立」的工作才能展開。

 四、照護預防活動課程表

課程	次數	對象	時間	備註
提升運動機能的活動課程	每週1次，共10次（三個月內）	20～25人	120分／次	詳細內容請見第3章
改善營養均衡的活動課程	每週1次，共7次（三個月內）	20～25人	120分／次	詳細內容請見第4章
提升口腔機能的活動課程	共4次（每月1次）及每天的健口體操（約三個月內）	20～25人	90分／次	詳細內容請見第5章
提升認知機能的活動課程	每週1次，共10次（約三個月內）	20～25人	120分／次	詳細內容請見第6章
防止孤獨死亡的活動課程	每週1次，共7次（約三個月內）	20～25人	120分／次	詳細內容請見第7章

(一)提升運動機能的活動課程

★次數：每週1次，共10次（三個月內）　★對象：20～25人　★時間：120分／次

分	第一次	第二次	第三次	第四次	第五次
5	分配資料 測量血壓	測量血壓 健康評估	測量血壓 健康評估	測量血壓 健康評估	測量血壓 健康評估
10	健康評估（參加者的外觀及臉色）				
15	開幕式（主辦人問候） 說明會（參加者注意事項）	說明事前評估的內容和方法（20分）	今天的目標 休閒（用遊戲製造快樂氣氛）	今日的目標 休閒（用遊戲製造快樂氣氛）	今日的目標 休閒（用遊戲製造快樂氣氛）
20					
25					
30			設定個人目標	30分鐘演講③ 「平衡訓練的觀點」	15分鐘演講① 「不要過度：運動的注意事項」
35		伸展運動			
40	破冰遊戲，消除參加者的緊張情緒				
45		實施事前評估 1.運動機能（體適能檢測） 2.生活機能（含失智症）	30分鐘演講② 「防止跌倒」		
50					休息、補充水分
55					
60	休息、補充水分			休息、補充水分	暖身、靜態伸展、防止跌倒的平衡訓練——使用氣球進行訓練
65					
70	30分鐘演講① 「為了不要臥床不起」			暖身、靜態伸展、防止跌倒的平衡訓練——利用報紙訓練、整理體操	
75			休息、補充水分		
80					
85			暖身 靜態伸展 確認下肢肌群		
90				補充水分	補充水分
95					
100	文件及問卷記錄				
105					
110					
115	健口體操	健口體操	健口體操	健口體操	健口體操
120					

（提升運動機能的活動課程詳細內容請見第3章）

第六次	第七次	第八次	第九次	第十次
測量血壓 健康評估	測量血壓 健康評估	測量血壓 健康評估	測量血壓 健康評估	測量血壓 健康評估
今天的目標 休閒（用遊戲製造 快樂氣氛）	今日的目標 休閒（用遊戲製造 快樂氣氛）	今天的目標 休閒（用遊戲製造 快樂氣氛）	今天的目標 休閒（用遊戲製造 快樂氣氛）	說明事後評估的內 容和方法（10分
				伸展運動
15分鐘演講② 「走路的重要性」	15分鐘演講③ 「談骨頭」	15分鐘演講③ 「保有青春的心」	15分鐘演講④ 「同伴的重要」	實施事後評估 1.運動機能（體適 　能檢測） 2.生活機能（含失 　智症）
休息、補充水分	休息、補充水分	休息、補充水分	休息、補充水分	
暖身、靜態伸展防 止跌倒的平衡訓練 ——使用氣球進行 訓練	暖身、靜態伸展防 止跌倒的平衡訓練 ——使用氣球進行 訓練	暖身、靜態伸展防 止跌倒的平衡訓練 ——使用氣球進行 訓練	暖身、靜態伸展防 止跌倒的平衡訓練 ——使用氣球進行 訓練	
				休息、補充水分
補充水分	補充水分	補充水分	補充水分	
				調整個人目標
健口體操	健口體操	健口體操	健口體操	健口體操

(二)改善營養均衡的活動課程

★次數：每週1次，共7次（三個月內）　★對象：20～25人　★時間：120分／次

分	第一次		第二次	第三次
5	分配資料 測量血壓		測量血壓 健康評估	測量血壓 健康評估
10	健康評估（參加者的樣子、臉色）			
15	開幕式（主辦人問候）		今日的目的 休閒（用遊戲製造快樂氣氛）	今日的目的 休閒（用遊戲製造快樂氣氛）
20	說明會（參加者注意事項）			
25				
30				30分鐘演講② 「均衡正是飲食的基本所在」
35			實施事前評估 1.營養評估：飲食生活表 2.生活機能評估 ※提升運動機能 （參加者省略）	
40	破冰遊戲，消除參加者的緊張	←　一星期　→ 這期間各人按照飲食檢查表記錄平常的飲食生活，第二次活動時把記錄帶過來		
45				
50				
55				
60	休息、補充水分			休息、補充水分
65				
70	30分鐘演講① 「樂活長壽的飲食習慣～已經營養不良了嗎」			均衡飲食小遊戲
75				
80				
85				
90				
95				
100	飲食生活檢查表的記錄方式			
105				
110				
115	健口體操		健口體操	健口體操
120				

（改善營養均衡活動課程詳細內容請見第4章）

第四次	第五次	第六次		第七次
測量血壓 健康評估	測量血壓 健康評估	測量血壓 健康評估		測量血壓 健康評估
今日的目的 休閒（用遊戲製造快樂氣氛）	今日的目的 休閒（用遊戲製造快樂氣氛）	今日的目的 休閒（用遊戲製造快樂氣氛）		說明事後評估的內容和方法
30分鐘演講③ 「改善飲食習慣」	30分鐘演講④ 「高齡者的飲食和營養」	試試看！調理的工夫 介紹可以輕鬆使用冰箱或電磁爐調理蔬果食品的方法 ※依據現場能夠使用的設備，盡可能讓參加者自己動手做 ※讓參加者實際自己調理，適當的定期實施	←　二至三星期　→ 這期間各自按照飲食檢查表自我檢查飲食的均衡一星期一次	實施事後評估 1.營養評估 2.改善營養均衡
休息、補充水分 改變飲食生活 一星期間飲食生活檢查表的記錄方式	改變飲食生活 ※上星期記錄的檢查表在團體中討論			
	補充水分			休息、補充水分
				調整個人目標
健口體操	健口體操			健口體操

(三)提升口腔機能的活動課程

★次數：共4次（每月1次，90分／次）及每天的健口體操（約三個月內）　★對象：20～25人

分	一個月一次口腔照護 第一次		一個月一次口腔照護 第二次
5	開幕式（主辦人問候） 說明會 參加者注意事項		口腔照護的實際操作：刷牙的檢查、漱口的方法、刷牙問題
10			
15	演講 「提升口腔機能的重要性：口腔健康」	← 一個月 → 1.第一次實行的健口體操，盡可能在午餐前實行 2.刷牙、保養假牙的自我檢查	
20			
25			
30			
35			
40			
45			
50	休息、補充水分		
55	訓練提升口腔機能──記住健口體操		
60	一邊確認臉部體操、舌頭體操按摩唾腺的動作一邊練習		休息、補充水分
65			訓練提升口腔機能──確認健口體操的動作
70	一邊練習繞口令，一邊確認唾液的分泌		
75	口腔照護的實際操作：刷牙的方法		確認自己臉部體操、舌頭體操、按摩唾腺可以做到什麼程度
80			
85			刷牙的檢查
90			

（提升口腔機能的活動課程詳細內容請見第5章）

	一個月一次口腔照護 第三次		一個月一次口腔照護 第四次
←　一個月　→ 1.實行午餐前的健口體操 2.刷牙、保養假牙的自我檢查	口腔照護的實際操作：假牙的保養、安定劑、洗淨劑及其他	←　一個月　→ 1.實施午餐前健口體操 2.刷牙、假牙保養的自我檢查	演講 「口腔照護總結──提升口腔機能的意義及口腔照護」 檢查口腔機能（事後評估）
	休息、補充水分		結業式
	訓練提升口腔機能──健口體操動作的確認 確認自己臉部體操、舌頭體操、按摩唾液腺可以做到什麼程度 第一次練習過的繞口令再練習一次		
	刷牙的檢查		

(四)提升認知機能的活動課程

★次數：每週1次，共10次（約三個月內）　★對象：20～25人　★時間：120分／次

分	第一次	第二次	第三次	第四次	第五次
5	分配資料 測量血壓、健康評估（參加者的外觀、臉色）	測量血壓 健康評估	測量血壓 健康評估	測量血壓 健康評估	測量血壓 健康評估
10					
15	開幕式（主辦人問候） 說明會 參加者注意事項	以交流方式消除參加者的緊張感	今天的目標 破冰（用遊戲製造快樂氣氛）	今天的目標 破冰（用遊戲製造快樂氣氛）	今天的目標 破冰（用遊戲製造快樂氣氛）
20					
25					
30		說明事前評估的內容和方法 說明目標（15分）	30分鐘演講② 「預防失智症：為了能早期發現」	30分鐘演講③ 「關於輕度失智症障礙：從事預防失智症的觀點」	拼圖
35					
40	今日的目標 破冰（透過遊戲製造快樂氣氛）				預防失智症活動課程③ 「刺激注意力分配機能的活動：工作活動」 配合參加者興趣、狀況、需要來進行工作活動。 例如：彩繪信紙、摺紙、水彩畫、油畫等藝術活動，配合季節利用落葉製作壓花 ※隨時休息，補充水分
45				
50		休息、補充水分		
55	休息、補充水分			
60		認知機能的評估 利用長谷川式評量表，以個人面談的方式事前評估	預防失智症活動課程① 「刺激計畫力的活動：懷舊遊戲」用大家都知道的蝸牛升學圖、彈珠等等來進行遊戲，遊戲後再來講講大家小時候的故事	預防失智症活動課程② 「刺激長期記憶的活動：寫三天的日記」 配合參加者社區狀況決定題目。昨天、前天、三日前所做的事，回想後一一記下。然後大家一起發表。配合實施的時間，最近成為話題的電視、電影討論。配合季節當地發生的事做為話題討論體驗，大家一起討論情節
65	30分鐘演講① 「什麼是失智症：預防失智症的重要性為何」	
70		
75		
80		
85		
90		
95	文件、調查表等的記錄	設定行動目標 這三個月實施活動課程的期間，參加者選擇一個能讓自己持續下去的目標，例如寫日記、每天走路、和朋友外出等，記入表格中			
100				
105				
110				
115	健口體操	健口體操	健口體操	健口體操	健口體操
120					

（提升認知機能的活動課程詳細內容請見第6章）

第六次	第七次	第八次	第九次	第十次
測量血壓 健康評估	測量血壓 健康評估	測量血壓 健康評估	測量血壓 健康評估	測量血壓 健康評估
今天的目標 破冰（用遊戲製造快樂氣氛）	今天的目標 破冰（用遊戲製造快樂氣氛）	今天的目標 破冰（用遊戲製造快樂氣氛）	今天的目標 破冰（用遊戲製造快樂氣氛）	今天的目標 破冰（用遊戲製造快樂氣氛）
拼圖	30分鐘演講④ 「理解失智症病人的情緒」	拼圖	拼圖	拼圖
預防失智症活動課程④ 「刺激活動計劃力的活動：作散步路線圖」 大家一起考慮散步路線，在大張的紙上畫出。 實際散步以後或者先想好路線再按圖散步，這會是有趣的活動課程 ※隨時休息，補充水分	休息、補充水分 預防失智症活動課程⑤ 「綜合性的活動：散步，大家一起走走」配合氣候、參加者、場所的狀況實施。天氣好的話，大家一起外出走路。一邊感受季節的變化，傳達走路的快樂感，確認安全散步的路線回來後，把走過的路、看見的東西寫出來。這種能刺激記憶力的活動應該很有趣又有效果	預防失智症活動⑥ 「刺激片段記憶的活動：製作相本」 配合參加者的狀況和需求來進行。散步或外出時工作人員隨時照相記錄。一面回憶去了哪裡、什麼場所，一面和大家一起談論製作相本 ※隨時休息，補充水分	預防失智症活動課程⑦ 「刺激活動計劃力的活動：建立外出活動課程」 把參加者分成幾組，建立到附近散步或買東西的活動課程，讓大家討論外出路線。實際按照訂好的路線買個東西。一面想著外出時能成為標記的建築物，一面決定到目標地後做什麼活動課程 ※隨時休息，補充水分	認知能力的評估 利用長谷川氏評量表，個人面談後實施事前評估 結業式‧目標達成發表會發表在活動課程開始後，第二次活動時決定的目標施行到何種程度依照其內容若有成果，向大家展示
健口體操	健口體操	健口體操	健口體操	健口體操

(五)防止孤獨死亡的活動課程

★次數：每週1次，共7次（約三個月內）　★對象：20～25人　★時間：120分／次

分	第一次	第二次	第3回日	
5	開幕式（主辦人問候）說明會	破冰	破冰	
10	參加者注意事項			
15	破冰			
20		演講② 「孤獨死亡是什麼？不是死的問題而是生的問題」之一：	演講③ 「孤獨死亡是什麼？不是死的問題而是生的問題」之二：	←　二星期　→ 在這期間每個人和自家附近的高齡者打招呼 ※產生對中高齡鄰居打招呼的意識
25				
30	演講①	1.孤獨死亡的定義	1.孤獨死亡者的生活像是什麼	
35	「高齡社會的課題：要瞭解可能變成孤獨的高齡者，孤獨死亡漸增的現實」	2.所謂孤獨死亡並沒有「死」	2.志工是支援孤獨死亡者生存的力量	
40		3.如何對待孤獨死亡		
45				
50		休息、補充水分	休息、補充水分	
55				
60	休息、補充水分	團體討論 「能照顧我的人有10個人嗎？」	團體討論 「認識你的鄰居（孤獨老人）嗎？」	
65				
70	團體討論 「在一個人的時候倒下去的話」	目標：參加志工活動是要感受到自己是被照顧的	目標：關心在自己社區中生活的中高齡者	
75				
80				
85	目標：認為孤獨死亡是自己的問題			
90				
95				
100				
105				
110				
115	健口體操	健口體操	健口體操	
120				

（防止孤獨死亡的活動課程詳細內容請見第7章）

第四次	第五次		第六次	第七次
破冰	破冰		破冰	破冰
演講④ 「防止孤獨死亡的行政職責及志工的合作」 ※實踐篇①	演講⑤ 「有關防止孤獨死亡的體制」 ※實踐篇②	←　二星期　→ 在這期間，向各自所在地區的民生委員、長青社團、包括社區的支援中心等地區資源收集相關情報	演講⑥ 「如何打造我們街區的照護體制」 ※實踐篇③	「社區的實況和志工所扮演的角色」 ※實踐篇④⑤
休息、補充水分	休息、補充水分		休息、補充水分	休息、補充水分
團體討論 「二星期裡打招呼的回顧」 目標：跟大家分享自己主動和別人打招呼後的感想	團體討論 「如何製作在社區實踐中已有的防止孤獨死亡體制」 目標：和那些由社區所支援的團體作經驗交流		團體討論 「製作符合地區實情的防止孤獨死亡手冊」 目標：藉由志工活動的推展，來意識到和怎麼樣的人合作是必要的	團體討論 「製作手冊②」 目標：透過志工的活動，來建立幫助者和被幫助者的關係
健口體操	健口體操		健口體操	健口體操

Chapter 3

打造不易跌倒的身體
～從平衡感訓練的觀點和實際操作～

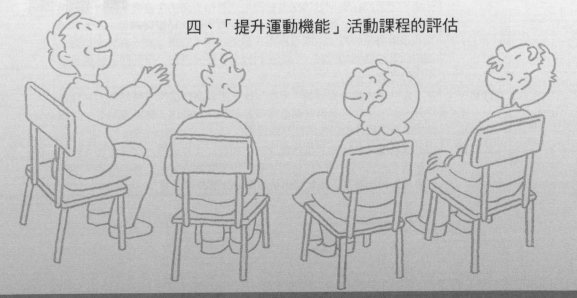

提升運動機能的活動課程是為了打造不易跌倒的身體，並以提升平衡能力為目的。

　　在進行提升運動機能的活動課程中，最重要的就是要注意安全，如果在活動中受傷或是跌倒的話，那就失去了這個課程最主要的核心價值了。因此，必須要注意參加者的體力、健康狀態，如果參加者的身體有狀況或是情緒不佳時，應該立刻停止運動，千萬不能勉強進行。

 一、「提升運動機能」活動課程概要

破冰活動	所謂「破冰活動」（Ice Breaking）就是在進行活動課程前，藉以紓解緊張的氣氛、拉近彼此的距離及增進參加者之間的交流，以促進參加者參加活動的意願。即使是附近的鄰居，就算平時會互相點個頭打招呼，但一開始在進行活動時，參加者多多少少都會感到緊張及陌生，所以「破冰活動」即是在紓解緊張的氣氛，同時營造容易與人相處的氛圍，以提高參加者參與活動的意願。讀者可以參考第8章的破冰遊戲，依據參加者之間的生疏狀況搭配使用，也可以參考其他書籍或是自行上網搜尋。
理論篇	為什麼我們要這麼重視「照護預防」？首先必須具體明確地向參加者說明身體功能改善的重要性，這也關係著活動課程是否能順利進行的重要因素。志工們在提到各種跟運動及生活習慣有關的主題時，可以順便將課程內容（學理）帶入。而事前必須反覆不斷地熟讀與練習，直到順暢到可以用自己的方式說明及應用。另外，把「健康」和「夥伴」之類的關鍵詞當成談話的主題，向志工們分享各自的想法、讓話題延伸也是很不錯的方法。
實踐篇	在本篇中，我們所實行的「平衡訓練」主要是以提高下肢的肌力。除此之外，別忘了在運動前後都必須做足夠的伸展動作（熱身運動），以預防受傷及避免運動過後的疲勞或疼痛。
成效評估	提升運動機能的活動是指計畫開始後的第二次及最後一次時實施（體適能檢測）。我們相信，成效的檢測不只是客觀地評估計畫的成果，同時也會成為參加者是否願意持續參加運動計畫的誘因。

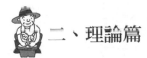 二、理論篇

(一)向「長期臥床」說再見

重點：

❶ 及早注意到老化的跡象。

❷ 避免「臥床不起」的惡性循環發生。

❸ 經常活動以維持身體機能，預防「廢用」及「衰弱」。

◆老化～隨著年齡增長而降低的身體機能

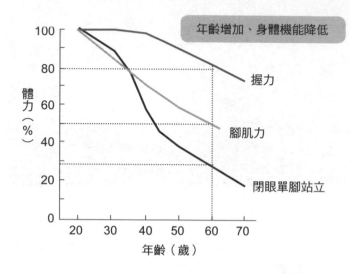

年齡增加、身體機能降低

體力（％）

握力

腳肌力

閉眼單腳站立

年齡（歲）

　　隨著年歲的增長，我們身體的各種機能會逐漸衰弱。我們發現年齡增加會使下肢逐漸感到無力，走路會變慢，而且上下樓梯時會感到困難。

　　上述的這些現象，皆是因足部肌力變弱所引起的。

　　隨著年歲的增長，身體機能逐漸下降，下肢肌力在60～69歲時為20～29歲時的一半（50％）；另外，閉眼單腳站立時的平衡能力，在40～49歲會降低到高峰期的一半（50％），到60～69歲時則會降低到30％。平衡能力的降低可能有各種不同的原因，但跟下肢肌力的降低有很大的關係。

　　進入老年期後，在視力、聽力減退的同時，咀嚼及吞嚥的能力都會變弱。身體機能也會在不知不覺中減退，如果不做任何改善的話，會變得更加衰弱，並容易陷入「臥床不起」的生活中。

　　提早注意「老化的跡象」並做適當處置的話，就可以達到延長自己健康獨立生活的效果。

◆避免「臥床不起」的惡性循環發生

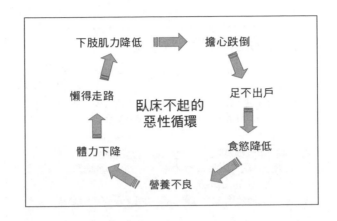

如果對老化的跡象不予注意也不做任何處理時，會陷入哪一種臥床不起的狀況呢？例如，在下肢肌力降低後不做任何處理時，平衡能力變弱，擔心跌倒的事發生。外出時，因樓梯的高低差，會容易跌倒。但即使自己十分注意，也可能被人推擠或撞到，因而跌倒。但如果因為怕跌倒，而導致盡量不出門，不得已才到住家附近購買生活用品，結果就會導致越來越不想出門。

如果長期待在家裡的話，會因為運動量不足，造成食慾降低。而每天三餐不規則、營養不良，也容易生病或體力不足。這種情形也會造成下肢肌力變弱而臥床不起，並且會開始嫌走路麻煩，如此一來，便會陷入「臥床不起」的惡性循環中，所以我們為了避免這種惡性循環的發生，必須要阻斷其中任一環節，使惡性循環不再發生。

在你身邊有陷入這種惡性循環的人嗎？

為了避免成為臥床不起的人，請開始嘗試做一些自己能做的事情。例如：增加日常生活中坐下、站立、走路等動作，即使只是走路也可以預防身體機能衰弱。這個運動計畫可以預防下肢肌力衰弱及平衡力降低，是任何人都可以輕鬆做到的。請大家快樂的動動身體，避免陷入臥床不起的牢籠。

◆要經常活動以維持身體機能，預防「廢用」及「衰弱」

生活不活潑病

生活不活潑病，是因為生活沒有活動，導致全身的機能降低。

「身體沒有用到的部分會逐漸退化」的說法是常識，但它的範圍和涉及的人數是多到超乎想像的。

從外觀上可以察覺到的：肌力減退、關節變硬……。
從外觀上無法察覺到的：骨頭變脆；心、肺功能變弱；許多原本隱藏的症狀開始顯現。
腦和心的動作功能：對周圍的關心程度和認知的活動都下降。

生活不活潑病在學術上稱為「廢用症候群」。

所謂的「廢用症候群」，是因為在日常生活中活動太少，導致身體機能逐漸退化而產生的病，它可能會影響身體的外觀、骨骼、內臟，甚至是生理及心理的其他功能。

自己從外觀上可以察覺的改變，例如：因為肌力的降低，我們可能會在上樓梯或提重物時感到吃力。

外觀上無法察覺的改變中，最常見的是骨質的變化。像是跌倒後骨折，經過檢查才發現是骨質疏鬆症，諸如此類的案例其實很多。

各位有沒有檢查過「骨密度」呢？

如果沒有經過檢測「骨密度」，並不會知道有沒有骨質疏鬆，因為「骨質流失」並不會感到疼痛。

如果要察覺生理或心理功能有無異常，更是難上加難。我們的慾望或好奇心可能在不知不覺中會逐漸降低。

常常聽到「唉……我已經老了……」，年紀越大，挑戰新事物的念頭更是漸漸地消失了。

我們發現，無論年紀多大，維持年輕的秘訣就是對新事物感興趣並

保持好奇心。

　　不活動的話會「廢用」，而經常適當活動的話，可以維持或提高身體的機能。

　　如果我們從60、70歲就開始運動，我們的身體自然就會適應。不應該用「我已經年紀大了……」這種話來說服自己放棄，而是要保持「我現在還行……」的積極態度。

　　這個預防身體衰弱的方案十分簡單，即使是從60、70歲再開始，也能夠做得到。最重要的是：快樂、每天持續地做。請大家也不要抱持著「已經來不及了……」這種負面想法，現在開始和大家一起嘗試看看吧！

(二)防跌

　　重點：

❶跌倒的原因。
❷防跌就是預防變成臥床不起。

◆跌倒的原因

　　大家有沒有曾經跌倒過的經驗呢？

　　跌倒不是單指臉朝地倒在地上。

　　跌倒的定義是「在沒有預警的情況下，身體突然失去平衡，除了腳以外，身體的一部分接觸到地面或較低的區域。」

　　即使是在快倒地時，抓住了任何東西，或是腳稍微被絆到而差點跌倒，都被認為是跌倒。當然，滑倒、騎腳踏車不平衡倒地、從樓梯或台上跌落，都可以說是跌倒。這麼想的話，最近有「跌倒」經驗的人，是不是會更多了呢？

　　跌倒的原因，可分為「內在因素」和「外在因素」。

「內在因素」指的是因為下肢肌力及平衡力降低或因藥物的副作用（如頭暈、步態不穩等），屬於「自身因素」；而「外在因素」則是指外在環境，例如：地面高低不平有落差、照明不足、被旁人推倒或撞到等。

若能排除上述的這些因素，就可以預防跌倒。

若要去除內在因素，就是要使自己擁有不容易跌倒的身體，例如：坐公車要爬上高的階梯所需的下肢肌力、在被人推撞或路面不平時能及時的抓住支撐物的反應等。另外，外在因素也應一併去除，例如：減少住家地面的高低落差、移除容易讓人絆倒的電線或雜物、增加有止滑效果的設備等。

◆防跌就是預防臥床不起

防跌的重要性？

排行前三名臥床不起的原因：
第1名　腦血管疾病
第2名　衰弱
第3名　路倒（老人大腿骨骨折的主因）

「跌倒」是陷入臥床不起的成因之一。

根據高齡社會白皮書，造成臥床不起的原因，第一是腦血管疾病，第二是衰弱，第三是跌倒、骨折。老人的大腿骨頸部骨折，多半是因為跌倒而引起的，主要是因為下肢肌力及骨關節的機能衰退。

在日本，65歲以上的人口逐漸增加，預估到2015年每四人中就有一人是65歲以上的高齡者。隨著老年人口的增加，跌倒的發生率也相對增加。在1995年時，老人跌倒人數為五萬人，而2000年則約有十萬人；也就是說，短短五年的時間，跌倒的老年人數增加了1倍。

防跌就是預防骨折，進而預防「臥床不起」。

預防跌倒的平衡感訓練就是為了預防「臥床不起」，這是老年人為了能夠維持自立生活中很重要的一環。

提示重點！

做這種「健康促進」活動，沒有失敗、浪費時間的問題，但效果會因人而異，並不是為了不會跌倒、不會骨折的鐵人而設計的。在任何地方，都有可能會發生跌倒、骨折，但如果沒有參加「健康促進」活動的話，這些狀況或許會更提早發生喔！

(三)從平衡訓練來預防跌倒

重點：

❶平衡訓練之重點。

❷確認需要鍛鍊的下肢肌群。

◆平衡訓練之重點

平衡訓練的重點

1. 強化下肢肌力
   ・腸腰肌（大腿根部）
   ・股四頭肌（大腿前側）
   ・臀中肌（臀部側面）
2. 增加下肢關節可活動的範圍
3. 用步行強化下肢肌力

在此先向大家簡單說明防跌平衡訓練的重要性。

提升下肢肌力，對防止跌倒來說十分重要。為了能夠自立生活，維持能坐、能走等日常活動能力十分重要。

以下再向大家作平衡訓練的詳細說明：

1.強化下肢肌力：以腸腰肌（大腿根部）、股四頭肌（大腿前側）、臀中肌（臀部側上邊）為訓練重點部位。

2.增加下肢關節可活動的範圍：腳踝、膝蓋及大腿骨關節周圍的肌肉如果變僵硬的話，就會因柔軟性降低而感到疼痛，甚至是受傷。而進行伸展運動可以達到增加下肢關節可活動範圍的目的。

3.用步行強化下肢肌力：日常生活中，能走路就走路吧！要如何走得健康，請看48頁有詳細的說明。

◆確認需要鍛鍊的下肢肌群

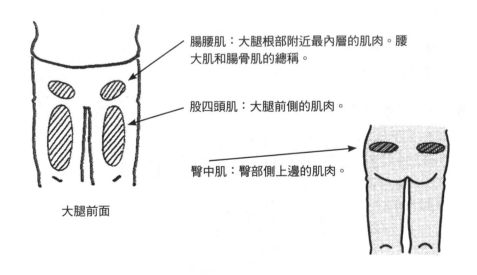

腸腰肌：大腿根部附近最內層的肌肉。腰大肌和腸骨肌的總稱。

股四頭肌：大腿前側的肌肉。

臀中肌：臀部側上邊的肌肉。

大腿前面

請先確認實行平衡訓練時，需要鍛鍊的三個下肢肌群在什麼部位，並瞭解它們會如何運動。如果針對這些下肢肌群做訓練，可以得到不同於以往的運動效果喔！

1. 腸腰肌：是抬起大腿時會使用到的肌肉，例如：上下公車或樓梯時。
2. 股四頭肌：是支撐著自己的體重，例如：上下樓梯或是從椅子上站起來時。
3. 臀中肌：支撐身體能直直地走路，避免身體左右搖晃。

各肌群訓練方法會在實踐篇（第60頁）作介紹。

伸展熱身（stretch）

　　伸展熱身運動，是指以活絡關節周圍的肌肉或肌腱為目的所做的運動。下半身的關節部位（腳踝、膝蓋、股關節）如果很僵硬，就會變得步態不穩、身體容易受傷，也容易因跌倒而造成嚴重的傷害。為了使各關節動作平順，應隨著呼吸的頻率緩和舒暢地伸展。

(四)將運動融入日常生活

◆不要過度運動～運動時的注意事項和禁忌

　　重點：運動時不要太勉強，快樂的進行吧！

運動時的注意事項

- 隨時注意補充水分
- 體溫管理（運動前先做暖身運動，使身體暖和不易受傷）
- 做伸展運動時，讓身體溫暖起來，保持呼吸順暢，不要憋氣
- 身體狀況不理想時，不要勉強
- 養成定期測量血壓的習慣

停止運動的警訊

遵守運動時的注意事項，如出現下列症狀時，必須馬上停止運動。

- 感到胸痛
- 胸部不舒服，胸悶
- 脈搏不規則
- 頭暈
- 喉嚨感到異常的乾渴
- 呼吸中斷或困難
- 冒冷汗
- 臉色變差、蒼白、無血色

安全第一最重要！

1. 運動時的禁忌（馬上停止運動或不能進行的警訊等）：長者若有些微的異狀（警訊出現時），請馬上停止運動，並勸導至醫療機構做檢查。萬一在運動中感到非常不適或好像要倒下去的時候，要馬上送到醫療機構，並聯絡家屬。

2. 運動時的注意事項：

   (1)隨時注意補充水分。

   (2)一定要先暖身再運動，使身體暖和才不易受傷。

   (3)保持呼吸順暢，不要憋氣。

   (4)身體感到不適時不要勉強，請停止運動。

   (5)養成定期測量血壓的習慣，作為健康管理的參考。

◆「走路」的重要

　　重點：在日常生活中，隨時都要想著──能走路就多走路吧！

針對不同年齡層平均步數的統計資料		
年齡	男性一天平均步數	女性一天平均步數
平均步數	7,075	6,222
30~39歲	7,983	7,154
40~49歲	7,799	7,125
50~59歲	7,368	6,572
60~69歲	6,321	5,669
70歲以上	4,277	3,313

日本厚生勞働省國民營養調查概要

　　大家每天平均會走幾步呢？

　　「走路」對人來說是一件很重要的事，這項能力代表著是否能自立生活的關鍵。

　　在年輕時就養成走路的習慣，可以預防在中年期後代謝症候群的發生，甚至可以預防老年期身體機能的降低並維持健康。

　　這個表格是從不同年齡層看男女一天走路的平均步數。日本官方以一天一萬步作為能維持健康的目標步數。

　　想一想，你每天平均走了多少步呢？

重要的注意事項！

志工要確實瞭解運動時相關的禁忌（警訊），並明確地對參加者說明。特別是要建立「運動時，安全第一」的共識。

＊進行運動時，不要太勉強。

＊若是有感覺怪怪的、不太舒服時，請不要勉強繼續，稍微休息一下吧！

①首先設定一天的目標步數

　　需要使用計步器我們才可以明確知道一天到底走了多少步。現在的計步器擁有許多不同的功能，例如：可以記憶一星期走了多少步、計算步行距離及消耗掉的熱量（卡路里）等。根據這些記錄，可以知道步行數的變化，對於養成走路的習慣而言，是個非常好用的工具。

　　等漸漸習慣了走路以後，就以一天持續走十五分鐘以上為目標吧！

②為什麼一天要走一萬步呢？

　　人要生存的能量是從食物攝取的。以日本人為例，他們平均一天要攝取2,700大卡的熱量，扣除基本維生必須消耗的能量後，還多出約300大卡。而為了消耗這多出來的300大卡，所需要的運動量相當於走一萬步的運動量。

◆強健骨骼

　　重點：強健骨骼是預防骨折的關鍵。

強健骨骼的方法

每天攝取鈣質800mg以上。

可以多吃使骨骼強健的含鈣食物

- 木棉豆腐1/2塊（含鈣180mg）
- 香魚4尾（含鈣440mg）
- 牛奶200cc（含鈣200mg）
- 小松菜（日本油菜）1/4束（含鈣230mg）
- 乾燥洋栖菜（一種海藻）10g（含鈣140mg）

別忘了補充維生素D

維生素D可以提高身體對「鈣」的吸收率。
做日光浴可使身體內的維生素D產生作用。
夏天在樹蔭下三十分鐘，冬天六十分鐘。
富含維生素D的食物

- 動物的肝臟　　· 比目魚、鮭魚、沙丁魚類
- 乾香菇類　　　· 雞蛋

使骨骼強健的運動

- 多做能使用到骨頭的運動來鍛鍊骨頭
- 對骨頭加以刺激
- 增強肌力

我們的骨骼細胞常常被破壞又再生，但隨年齡的增長，骨頭的再生能力會慢慢下降，而且骨頭會在不知不覺中變脆。我們發現有許多案例，都是在跌倒後才發現自己有骨質疏鬆症。因此，要瞭解到擁有即使跌倒也不會輕易骨折的強健骨骼是非常重要的。

　　那我們該怎麼做才好呢？

　　透過「飲食」和「運動」可以使骨骼強健，其要領如下：

1. 「鈣質」的攝取：多攝取富含鈣的食品，如豆腐、小魚、牛奶等乳製品。

2. 攝取維生素D：維生素D是讓骨骼吸收鈣質所需的營養素。雖然攝取了許多鈣質，但維生素D不足的話，骨骼還是無法將鈣質充分吸收，所以我們也應同時攝取富含鈣質及維生素D的食物（乾香菇類含量最多，其他如肝臟類或魚類）。另外，為了使維生素D在體內作用，多曬曬太陽是必要的。

3. 運動：藉運動來刺激骨骼，骨骼才會強健。特別是針對骨頭末端用力的運動更有效果，例如：跳躍、舉重等。對老年人來說，走路本身就是很好的運動，走路時能試提一些輕的東西，效果會更好。

◆常保年輕的心

　　重點：對周遭各種事物保持好奇心，並勇於挑戰新事物。

　　有家人或朋友曾經對你說過「你的心還很年輕喔！」這樣的話嗎？

　　我們知道如果不運動，許多身體功能就會逐漸退化。同樣的，心理層面的功能也會在不知不覺中衰退。例如：對周遭的事物漸漸失去興趣，想做點什麼卻提不起勁。而防止心理機能衰退的最佳方式，就是去參加有趣、快樂的活動或是擔任志工等，關心生活周遭的狀況，不斷挑戰新的事物。我們也可以透過這些活動增加與他人互動的機會，就很容易保持年輕的心。千萬不要抱著「我年紀大了」、「這太勉強了」的思考模式，反而

應該要隨時以「試試看」的心情，去嘗試、挑戰自己想做的事。

為了保持年輕的心，這邊也提供五個要點給大家作參考：

1.感動：多看美麗的事物，刺激大腦，激發出感動的氛圍。

2.緊張感：保持適度的緊張感。

3.舒暢感：不要過度緊繃，適度的放鬆。

4.下決定：開始嘗試一些新的事物，或是去做至今一直很想做的事。
　心動不如馬上行動！

5.好奇心：關心事物或周遭發生的事，保持一顆赤子之心。

◆建立更多的夥伴

重點：增加一起參與活動的夥伴，例如：跟鄰座的人打打招呼、微笑以對。

中高齡者大多參加何種團體活動
「健康運動、趣味活動」25.3%
「自己的興趣」24.8%
「社區的活動」19.6%
「改善生活環境」9.1%

中高齡者外出的狀況調查

「自己會積極外出」占60.2%
「有家人或其他人誘導或陪伴時才外出」占21.8%
而後期高齡者（75歲以上）與前期高齡者（65～74歲）相比，「自己會積極外出」的比率只剩下50.8%。「幾乎完全不出門」的比率卻增高到13.2%。

根據調查顯示，高齡者參加團體活動的狀況為：參加健康、運動及跟興趣有關的人占了半數以上；外出時受家人或他人邀約以及有人陪伴時

才會外出的人則占了大約20%左右。

「不管請幾次，不來的還是不來……」我們就這樣放棄了嗎？

請大家試著想想看！

在各位的社區裡，一起參與活動的夥伴，若是多了一兩位，氣氛是否會變得更熱鬧了呢？

當您看了這本書的同時，有沒有什麼新的想法、新的點子想試試呢？

您會不會想到要去約誰，把「好東西」跟「好朋友」分享？或是試著向朋友說「如果做這些運動，會對身體很好喔！」諸如此類的話語。

不管到幾歲仍能保持健康有精神，並重視朋友的邀約是非常重要的。

參加照護預防志工講習或活動的人，都會主動關心自己的健康或投入某種運動。而由這些志工來主動對外邀約的話，一定會有人想試著參加看看，進而讓這個活動能不斷地傳播出去。

「一個人參加的話會不好意思」，但如果和大家一起參加的話，可能就可以試試看。「要不要和我一起做做看？」試著邀請別人一起做做看吧！

 三、實踐篇

(一)伸展

站著做伸展運動時，可能會有失去平衡而跌倒的事件發生，所以我們就坐在椅子上試試看吧！如果呼吸不順的話，就會感到吃力，因此在開始做伸展運動前約二至三分鐘，先閉上眼睛，等呼吸平順之後再開始動作。

1.完全坐在椅子上，伸展背部。

2.由鼻子吸氣，再慢慢地吐氣。

3.緩和地深呼吸。

4.將呼吸調整成自己舒適的頻率。

伸展是在自然呼吸中進行，進行中若是有感到疼痛的話就造成反效果了。在感到舒適的氣氛中，由上而下慢慢地將肌肉伸展。

1.頭部。

2.肩膀。

3.後背。

4.胸。

5.身體兩側。

6.腰。

7.大腿前側。

8.大腿後側（膕繩肌腱處）。

9.大腿內側。

最後以深呼吸作一個結尾。

◆頭頸部

　　肩膀放鬆，慢慢地將頭側彎。而另一側的手，手指併攏做往下拉的動作，讓肩膀垂下使肌肉伸展。

◆後頸部

　　兩手輕輕地放在頭的後面，一邊呼吸一邊向前彎，這有助於後頸的伸展。

　　這時不能駝背，要把背部挺直，但是肩膀如果太過用力的話效果會不佳。保持在輕鬆、心情舒暢的狀態下進行。

注意！用力過度的話後頸部的肌肉可能會受傷，進行此動作時要特別小心。

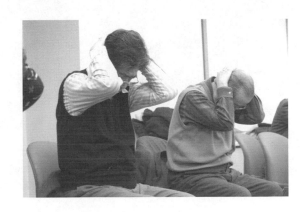

◆肩膀

左手手臂向右側伸直，右手手腕內側抵住左手手肘，使左手臂屈曲
至可接受之最大範圍，使肩膀得以伸展。伸展完後再左右對調。

注意！身體面向正面，要伸展的肩膀不要抬高。

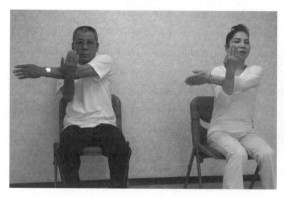
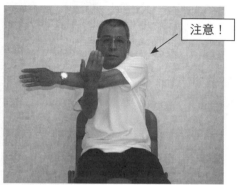

注意！

◆後背

兩手十指交扣在胸前形成一個圈。一面呼吸一面讓背彎成圓形，手
往前伸。左右的肩胛骨會有張開的感覺，讓後背的肌肉能夠伸展到。

◆胸

　　淺淺的坐在椅子上，背部放鬆。雙手於左右兩側上舉使手肘與肩膀同高，上臂與下臂約成九十度彎曲。將背部伸直，雙肘向後背拉，讓胸部慢慢的伸展開來。

◆身體兩側

　　一手臂向上舉起斜放在頭上，要有向上提起的感覺，身體慢慢地向側面橫倒。使腋下到側腹的肌肉都可以伸展。

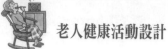
◆腰

　　坐在椅子上，雙腳緊貼地面，將上半身慢慢地向右側扭轉，右手可放於椅背後面，左手則扶著椅子右側邊緣。伸展完後再左右對調。

注意！如果一下子用力過度腰可能會痛，所以慢慢地進行即可。

◆大腿前側

　　坐在椅子的前二分之一，單腳深入椅子下面，膝蓋向下，腳背貼於地面，從腿的根部伸展到大腿前側；上半身稍微向後傾斜時，大腿前側的肌肉會更容易伸展。

注意！椅子太高易失去平衡，請選擇高度適中的椅子，並小心進行。

◆大腿後側（膕繩肌腱處）

坐在椅子的前二分之一，雙手抓住椅子邊緣兩側，單腳向前伸出，腳尖朝上，腳跟著地；背部打直，一邊吐氣一邊慢慢將上身向前傾，然後眼睛往斜前方看。注意上半身不要過度前傾。

◆大腿內側

坐在椅子上，雙腿從膝蓋到大腿根部向外大大張開，腳尖也向外，接著將兩手輕放在膝蓋內側，向外輕推，使大腿內側肌肉得以伸展。
注意！若感到疼痛的話就是過度伸展，感覺大腿內側肌肉有伸展到即可。

(二)用氣球、報紙就可以做的平衡感訓練

從身邊可以取得的東西就可以做簡單的平衡感訓練。

◆使用「報紙」進行運動

將一張報紙捲成球狀，放在椅子前，人坐在椅子上，不用手只用腳把報紙打開。最後把報紙像用熨斗燙衣服一樣的要領，攤平報紙的摺痕。建議量為一天五個，可以分成兩組同時進行。

＊可以訓練到抬高膝蓋時會使用到的肌肉，來試試看吧！

【照護預防計畫中實際實施的情況】

◆用「氣球」所做的運動

在氣球上綁上風箏線，一手抓住
風箏線，一手扶住椅子，一腳站立支撐
身體，另一腳將氣球用腳尖或大腿向上
踢。為了使氣球向上不落地，這個活動
可以訓練足部肌力和平衡能力。剛開始
建議以連續十次氣球不落地為目標，可
以分成兩組同時進行。

＊抓穩牆壁或椅子，小心不要讓身
　體跌倒。

【 照護預防計畫中實際實施的情況 】

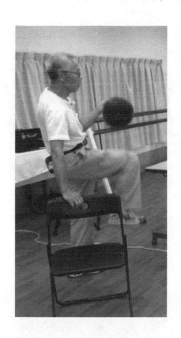

(三)在自己家裡就可以做的平衡感訓練

◆大腿部股四頭肌的訓練

1.深坐在椅子上，伸直背部。

2.雙腳張開與肩同寬，兩手放在腰上或抓住椅子。

3.一邊數「1、2、3、4」，一邊慢慢地將一腳抬高至水平高度，再慢慢地放下。

4.一邊數數，一邊輕輕放下腳。

＊一腳持續做8～10次，再換另一隻腳做同樣動作。

股四頭肌
（大腿前部）

【照護預防計畫中實際實施的情況】

◆腸腰肌訓練

    1.半坐在椅子前端，伸直背部。

    2.雙腳打開與肩同寬，兩手緊抓住椅面。

    3.一邊數「1、2、3、4」，一邊將膝蓋慢慢抬高，再慢慢地放下。

    ＊一腳持續做8～10次。再換另一隻腳做同樣動作。

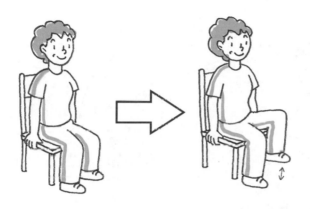

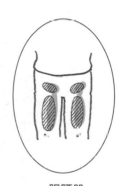

腸腰肌
（大腿根部）

【照護預防計畫中實際實施的情況】

◆股四頭肌及膕繩肌腱的訓練

1.坐在椅子前端，伸直背部。

2.雙腳張開比肩膀略寬，兩手插腰或放在腿上。

3.一邊數「1、2、3、4」，一邊慢慢地站立，再慢慢地坐下。

4.一邊數數，一邊慢慢坐下。

＊一腳持續做8～10次。再換另一隻腳做同樣動作。

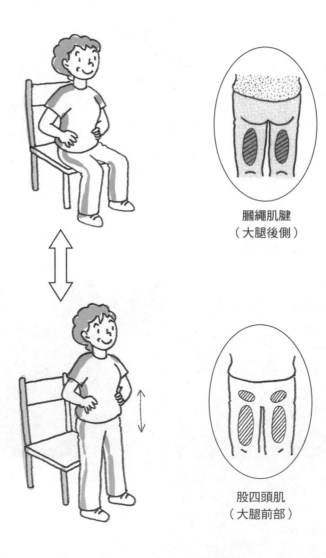

膕繩肌腱
（大腿後側）

股四頭肌
（大腿前部）

◆臀中肌（扭轉肌群：臀部上方及側面）

　1.身體側面躺下，用手肘支撐身體。

　2.上側的腳尖面向前，一面數「1、2、3、4」，一面慢慢地把整條腿
　　向上抬高。

　3.一面數數字，一面把腿慢慢放下。

＊一腳持續做8～10次。改變方向再換另一隻腳做同樣動作。

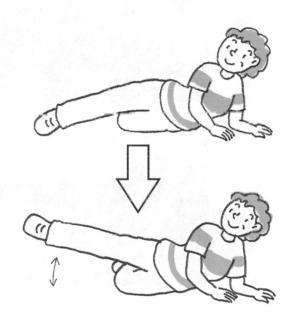

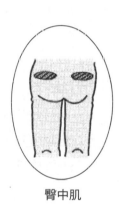

臀中肌

(四)配合DVD一起做訓練

　　以訓練平衡感為主要目的所做的「坐於椅子上就能預防跌倒訓練錄影帶」是由日本照護預防指導者協會監製的錄影帶，影片長度約二十五分鐘，可以配合大家進行訓練。

　　1.暖身（warming up）

　　2.鍛鍊下肢肌力
　　　(1)股四頭肌
　　　(2)腸腰肌
　　　(3)臀中肌

　　3.平衡訓練——
　　　重心轉移的平衡感訓練

　　4.緩和運動

四、「提升運動機能」活動課程的評估

(一)檢測效果的意義

在社區生活的中高齡者參加照護預防的活動後，能夠儘早發現機能降低或行動上的變化，對其進行適當的配套措施便可以防止惡化。參加者中，可能有一些是已經需要支援、需要照護預防的特定高齡者，或者是條件相當接近的對象。而社區志工實施的照護預防講習，是為了儘早發掘這些族群，將他們帶往專門機構做進一步的檢測。

(二)檢測效果的目標

◆瞭解參加者的現況

在本書中列出的效果檢測不是讓專業人員去評估，也不是從參加照護預防講習的人中去評估是否有人需要支援、接受照顧。而是要瞭解參加者的現況。持續實施活動後，將參加的經過詳盡記錄下來。假如發現在參加者中有需要支援、需要照顧或者有這種可能性的人出現時，就連絡專門機構（如社區支援中心）。因此，事先確認志工和專門機構之間的互助體制是很重要的。

◆實施定期、持續性的效果檢測

從講座開始到結束期間持續實施的效果檢測，就能夠記錄參加者的各項機能變化。透過定期且持續的記錄，就能夠儘早發現參加者機能衰退的現象。

(三)檢測效果的方法和注意事項

希望能透過下列幾個項目來實施效果檢測。但是如果有跟工作人員有關等問題出現時，請從可以做的先開始。

1.全面性的生活機能。

2.身體機能（體適能檢測）。

◆與生活機能相關的項目

生活機能的評估可以根據「生活機能基本檢測項目」來進行。生活機能的評估不只是針對參加者的現況加以評估，而是還可以針對那些早期被發現需要照顧者在生活機能降低的項目中進行合適的應對措施，以及能夠針對參加者健康維持及產生照護預防的動機上作評估。

有了照護預防活動的實施後，可以早期發現剛開始發生「生活機能降低」的高齡者，在與社區支援中心合作下，就可以在早期階段採取適當的處理。

①「生活機能基本檢測項目」

「生活機能基本檢測項目」的二十五個項目中，由下述七個領域構成：

· 問題01～05：日常生活行為的相關詢問

· 問題06～10：提升運動機能的相關詢問

· 問題11～12：改善營養均衡的相關詢問

· 問題13～15：提升口腔機能的相關詢問

· 問題16～17：預防及支援足不出戶的相關詢問

· 問題18～20：預防及支援失智症的相關詢問

· 問題21～25：預防憂鬱的相關詢問

注意事項：

❶請由參加者自己書寫。

❷答案是以「是」或「否」任何一個來回答，用○加以註明。

❸預防憂鬱的問題中，在判斷上有疑惑時，以「比較接近參加者所想的」來回答。

❹「……有這麼做嗎？」的詢問項目，用現在的「行動」來確認。但是平常沒有做或完全沒有做時，回答「否」。

②BMI（Body Mass Index）「**身體質量指數**」的計算

BMI是用體重或身高的數值簡單的計算出來，表示肥胖程度的指標數字。用身高和體重的數值作計算。計算方法用舉例的方式說明。由參加者個人利用計算機自己計算即可。但是依照參加者的狀況，有時需要工作人員加以協助。

計算公式：體重（kg）÷身高（m）÷身高（m）

例如：體重60公斤，身高165公分的人

$$60 \div 1.65 \div 1.65 = 22.0 \quad BMI是22$$

👆這裡要注意，身高是以公尺為單位

基本檢測項目

No.	詢問事項	回答（加註○）	
1	一個人坐公車或捷運外出嗎？	0.是	1.否
2	自己購買日用品嗎？	0.是	1.否
3	是自己到銀行存款或提款嗎？	0.是	1.否
4	有拜訪朋友的家嗎？	0.是	1.否
5	與家人、朋友互相商榷事情嗎？	0.是	1.否
6	爬樓梯時不用扶手或扶牆壁嗎？	0.是	1.否
7	坐在椅子上不用扶任何東西就可以站立嗎？	0.是	1.否
8	能持續走路15分鐘以上嗎？	0.是	1.否
9	這一年內有跌倒過嗎？	1.是	0.否
10	對於跌倒感到相當不安嗎？	1.是	0.否
11	在6個月內體重減少2～3kg以上嗎？	1.是	0.否
12	身高　　公分　　體重　　公斤（BMI=　　）註		
13	和半年以前比較，硬的食物變得較不容易咀嚼嗎？	1.是	0.否
14	喝茶或湯汁時會嗆到嗎？	1.是	0.否
15	會經常感到口渴嗎？	1.是	0.否
16	每週至少外出一次嗎？	0.是	1.否
17	與去年比較外出的次數有減少嗎？	1.是	0.否
18	周邊的人有說「總是問同樣的事」等或說容易忘東忘西的事嗎？	1.是	0.否
19	自己查電話號碼打電話嗎？	0.是	1.否
20	有發生過不知道今天是幾月幾日的經驗嗎？	1.是	0.否
21	（這二星期）每天的生活沒有充實感	1.是	0.否
22	（這二星期）以前感到很快樂的事，現在感到不快樂	1.是	0.否
23	（這二星期）以前感到快樂的事，現在感到厭煩	1.是	0.否
24	（這二星期）不覺得自己是有用的人	1.是	0.否
25	（這二星期）沒有任何原因卻感到疲倦	1.是	0.否

註：BMI＝體重（kg）÷身高（m）÷身高（m）　未滿18.5時才符合。

◆有關身體機能的評估

有關身體機能的效果檢測是動態平衡能力、靜態平衡能力、下肢肌力、柔軟性、上肢肌力、複合動作能力等六種體適能要素。

1.動態平衡能力：

(1)側身靠牆站立單手向前伸出與肩同高。

(2)牆壁與腳的距離約20公分，自然站立。

(3)維持直立姿勢，兩手伸直，中指的指尖指向測定器口（0 cm）的地方，調整站立的位置。

(4)靠近測定器的手指與肩的位置保持水平，然後儘量向前方延伸，把移動的最大距離測出。

(5)手指向前伸時，身體不能旋轉，也不能靠在牆壁上。

2.靜態平衡能力：睜眼單腳站立

(1)兩手插腰，左右任何一隻腳的大腿上舉，呈水平狀態。

(2)抬高的腳接觸到地面或失去平衡，或支持站立的腳移動的時候就把時間算出來。

(3)測定的上限為六十秒。

動態平衡能力

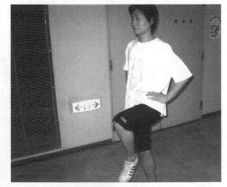

靜態平衡能力

3.下肢肌力：最大步幅

(1)兩腳站立，腳尖對準白線

(2)單腳向前大大的跨出一步，暫時
停住，然後移回原來的位置。最
初腳尖的位置到踏出去腳後跟的
距離，作為最大一步的幅度。

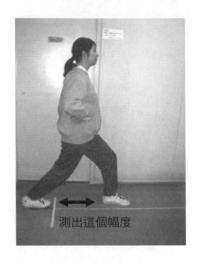

測出這個幅度

4.柔軟性：坐姿體前彎

(1)背部伸直，靠牆壁坐下。

(2)把腳伸直，腳尖保持自然。

(3)測定方法是背靠著牆的狀態，兩手腕伸直降落在測定器上，拇
指和食指之間夾住測定器邊緣，以這個位置當作0。

(4)一面呼氣，一面盡力向前傾，直到可以看到肚臍的程度。

5.上肢肌力：握力

　(1)握住測定器時，食指第二關節調節成與握柄呈垂直狀態。

　(2)從右手開始測定。

　(3)把手腕垂下伸直，一面呼氣，一面握緊。

　(4)測定中身體不能扭曲，手也不能晃動。

　(5)左右兩手都要測定。

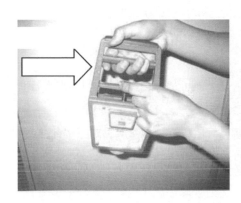 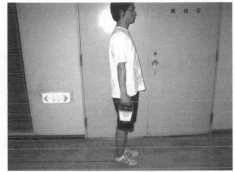

6.綜合動作能力：Time up and Go

　(1)坐在沒有把手的椅子上。

　(2)手放在大腿上，背部伸直。

　(3)為了防止危險，請穿著鞋走。

　(4)開始的信號出現就站立向前走，到三公尺前的圓柱左轉後回到
　　原點，坐在椅子上。測定起立後再回到椅子坐下的時間。

(四)檢測效果的記錄

檢測效果後的記錄和評估是很重要的。檢測結果將會存檔,再利用計算軟體繪製成圖表,在講課時便可以平均值或變化率來表示,呈現講課的有效性。

對參加者來說製成第74頁的梯形圖表交給參加者時,對參加以後的活動有鼓勵的作用。下面對體適能檢測記錄的評估方法加以說明。

◆體適能檢測的記錄

1. 姓名、年齡及實施日期的記錄:在實施體適能檢測時,把參加者的姓名、年齡、檢測實施日期記錄下來。
2. 測定值的記錄:實施體適能檢測時,由對前述測定方法十分瞭解的工作人員檢測,然後記錄測定值;也可由參加者自行記錄。

◆檢測效果基準值

根據下表的檢測效果基準值,將測定結果與1～5相當的數值記錄在評價欄裡。

瞭解根據這個基準值所作出的評價等級之後,就可以繪製出如同下一頁所顯示的梯形圖。透過這些資料,可以讓參加者在講座結束之後清楚知道自己在這個講座所得到的成果為何。另外,將參加者全員的數據平均化並整合起來,就能客觀來看待講座整體的效果。

體適能檢測基準值

	評價	1	2	3	4	5
握力（kg） ＊慣用手的測定結果評價	男性	～24.9	25～28.9	29～32.9	33～36.9	37～
	女性	～14.9	15～17.9	18～20.9	21～23.9	24～
坐姿體前彎（cm）	男性	～20.9	21～30.9	31～40.9	41～50.9	51～
	女性	～23.9	24～34.9	35～42.9	43～50.9	51～
動態平衡能力（cm）	男性	～29.4	29.5～32.9	33～35.9	36～38.9	39～
	女性	～25.4	25.5～29.9	30～32.9	33～36.4	36.5～
睜眼單腳站立時間（秒）	男性	～4	5～12	13～29	30～59	60～
	女性	～3	4～9	10～22	23～59	60～
綜合動作能力（秒）	男性	～7.1	7.2～6.0	6.1～5.4	5.5～4.9	5.0～
	女性	～8.8	8.9～7.4	7.5～6.4	6.5～5.7	5.8～
最大步幅（cm）	男性	～50.9	51～63.9	64～76.9	77～86.9	87～
	女性	～41.9	42～52.9	53～65.9	66～76.9	77～
	評價	1	2	3	4	5

這個評價標準是由「東京都老人綜合研究所」統計出來，運動機能檢測的基準值
中，加入最大步幅修正而來的。

◆活動課程整體的評估

表中的檢測結果，利用圖表軟體可以簡單地製成下面的梯形圖。

	實施計畫前		實施計畫後	
	檢測結果	評估	檢測結果	評估
睜眼單腳站立時間	16.8	3	21.7	4
動態平衡能力	28.5	3	32.5	2
坐姿體前彎	21.8	2	26.3	3
綜合動作能力	6.7	3	6.5	4
握力（右手）	28.4	4	26.0	5
最大步幅	59.8	4	65.0	4

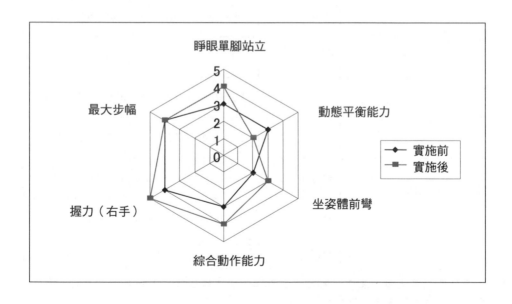

個人的評估表模式

〇〇年〇月〇日

〇〇年度〇〇市照護預防活動

效果測定評估表

姓名	王金花	年齡	86歲	性別	女性
期間			年　月　日～　　年　月　日（全部次）		

◆體適能檢測結果

體適能要素	評估項目	實施計畫前 年　月　日		實施計畫後 年　月　日	
		檢測結果	評估	檢測結果	評估
肌力	握力		1		5
	最大步幅		1		5
柔軟度	坐姿體前彎		1		5
動態平衡	動態平衡能力		1		5
靜態平衡	睜眼單腳獨立		1		5
移動能力	綜合動作能力		1		5

身高	160	cm	160	cm
體重	50	kg	50	kg

提升運動機能活動課程
檢測效果記錄用紙

姓名 _____　　　　年齡 _____ 歲

檢測項目	種類	實施計畫前 年 月 日		實施計畫後 年 月 日		變化率
		檢測結果	評估	檢測結果	評估	
靜態平衡	睜眼單腳獨立	秒		秒		%
動態平衡	動態平衡能力	cm		cm		%
關節可活動範圍	坐姿體前彎	cm		cm		%
日常生活動作	綜合動作能力	秒		秒		%
上肢肌力	握力（右）	kg		kg		%
	握力（左）	kg		kg		%
下肢肌力	最大步幅	cm		cm		%
身體狀況	身高	cm		cm		
	體重	kg		kg		

Chapter 4

享受飲食
～任何人都能做到的「改善飲食習慣」活動課程～

改善飲食習慣的活動課程是以鼓勵的方式，讓參加民眾意識到「什麼？那樣子我也會！」的想法，使其自動自發地去改變並培養健康、正確的飲食習慣。此活動課程禁止對參加民眾施以強迫、施加壓力的方式，應花心思讓參加民眾能自己感到快樂且願意接受指導與嘗試。

一、「改善飲食習慣」活動課程概要

破冰活動	改變飲食習慣需要一些時間和努力，為了使活動課程能持續進行，參加民眾彼此的交流是不可或缺的，因此，在活動開始之前，應先讓參加民眾彼此熟悉臉孔，引起其動機，製造彼此能夠成為同伴及深入交流的機會。此活動中所採取的破冰方法和提升運動機能活動中提及的相同。請參考第8章的遊戲來進行。
理論篇	如何改善飲食習慣的方法必須確實傳達給參加民眾。解說時使用的資料及說明的重點，必須反覆練習到能用自己的方式說明為止。在此提供一些活動進行可使用的話題：營養、健康、應用飲食攝取標準的方法，透過活動一起來學習吧！
實踐篇	此篇是介紹簡單可行的烹飪方法，不必作麻煩的熱量計算，而是介紹利用電磁爐、電冰箱，或是即使獨居、懶得動手做料理的人都能很輕易且不浪費食材就可做出的料理守則。
成效評估	活動課程事前及事後的評價，基本上與其他活動課程相同，另外加上問卷式的評估表。

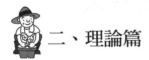

二、理論篇

(一)要健康且長壽，先從飲食開始！～我有沒有營養不良？～

學習重點：

❶什麼是「吃」？

❷什麼是「營養不良」？

❸怎麼吃才不會營養不良呢？

❹營養不良的原因有哪些呢？

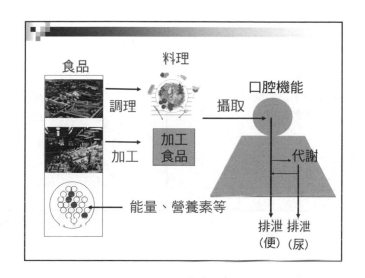

◆什麼是「吃」？

談到營養時，您可能會想到蛋白質（Protein）、鈣質（Calcium）之類。實際上，無論是蛋白質或鈣質，都只能算是食品中的「營養素」。而這邊所謂的「營養」，是指吃東西後把各種食物消化、吸收、分解（異化作用）及合成（同化作用），而轉變為生長或生活中必要的養分，補給我們的肌肉、血液及骨骼等細胞，這些養分稱之為「營養」。

那麼，若要正確的攝取身體所需的營養，我們需要做些什麼呢？

好比說，石油可以製造出很多產品，如汽油、塑膠、聚酯纖維等，但石油在精煉時需要加入許多添加物；同樣地，人類的新陳代謝，在只有進食米飯、肉類、高麗菜時，即使肚子吃得飽飽的，仍很有可能無法製造出身體需要的所有養分。

◆什麼是「營養不良」？

為了維持身體的活動，需要攝取能量，攝取的量不夠時體重可能會下降，或變成營養不良症。每個人每日所需的能量如概念圖所示。

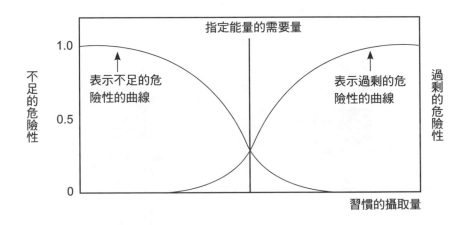

人的中壯年期，容易因肥胖而引起「生活習慣病」；但是對老年期的高齡者來說，則有營養不良的風險。所謂的「營養不良」是指從蛋白質、能量攝取不足開始，脂質、醣類、鐵質、維生素、礦物質等所有營養素的平衡被破壞所呈現的狀態。營養不良的狀態若是一直持續，不但會有體重減輕的情形，還可能造成情緒不穩、免疫力降低，而容易受感染，甚至是罹患慢性病等情況，對生命有很大的影響。實際上，在家中接受照顧的長者，據說約有三成是處於「營養不良」的狀態。

能量及各種營養素的攝取量較身體所需的量少時，會引起身體狀況，在醫學上可分為：

1.長期缺乏營養，逐漸瘦弱。

2.缺乏蛋白質，身體浮腫（Kwashiorkor；譯按：這是一種熱帶地區小孩的疾病，由於食物中蛋白質含量不足所引起的惡性營養不良症）。

3.以上兩種的混合型。

營養不良不容易在日常生活察覺到，得透過血液檢查中的白蛋白（Albumin）來作評估。如果不是有計畫性地進行營養、飲食習慣的改善，可能難以恢復到健康時候的狀態。

營養不良的外在徵象：(1)皮膚缺乏彈性；(2)指甲變形；(3)四肢浮腫;(4)毛髮沒有光澤；(5)落髮；(6)口內發炎；(7)兩頰凹陷等。

另外，營養不良的身體狀況徵象：(1)如廁的次數多；(2)噁心、想吐；(3)唾液分泌量少；(4)嘴巴張不開；(5)注意力不集中；(6)體重明顯減輕（BMI降到20以下，體脂肪降到17%以下）；(7)握力明顯降低；(8)容易發呆等。

造成營養不良的原因，主要有食慾不振、偏食、吞嚥困難、咀嚼障礙、唾液分泌量減少、因手術後消化不良等。若要追究每個人營養不良的原因，需從「料理」下工夫，否則可能無法解決營養不良的問題。

◆怎麼吃才不會營養不良呢？

為維持及增進國民的健康以及預防生活習慣病，標示熱量及營養素含量是日本人的飲食標準，此標準每五年修訂一次，最新的2010年版已公布。下表是依照年齡別、男女別所推算的熱量需求表。

日本的熱量攝取標準：熱量需求量（大卡／日）

性別	男性			女性		
身體活動程度	I（低）	II（普通）	III（高）	I（低）	II（普通）	III（高）
30~49歲	2,300	2,650	3,050	1,750	2,000	2,300
50~69歲	2,100	2,450	2,800	1,650	1,950	2,200
70歲以上	1,850	2,200	2,500	1,450	1,700	2,000

I：生活大部分是坐著、以靜態活動為主。

II：雖然是坐著為主，但偶爾有買東西、做家事、做輕鬆的運動等。

III：生活大部分是站著、動態活動為主。

　　本書的對象是以標示灰階色底的部分概算得知，男性每日必須攝取的熱量約2,000大卡，女性約1,500大卡。為預防營養不良，以上數據為原則即可。

　　若要更具體的說明各類食品大約含有多少熱量，可參考下列早餐、午餐和晚餐之食品熱量表。

早餐食品熱量表

和食		洋食	
食品名	熱量（大卡）	食品名	熱量（大卡）
白飯（普通量）	244	奶油吐司	203
開胃菜	84	火腿、雞蛋（2個）	300
豆腐味噌湯	81	濃湯	294
合計	409	合計	797

　　早餐的話，男性大約攝取600大卡，女性則攝取約500大卡即可。高齡者的話，如果以粥飯和西式為組合的早餐來攝取，就不會有過高或不足的狀況。

午餐食品熱量表

食品名	仟卡（大卡）	食品名	仟卡（大卡）
炸蝦蓋飯	805	豬排蓋飯	893
拉麵	443	炸蝦蕎麥麵	459
牛肉蓋飯	909	豬排咖哩飯	957
燴麵	918	中華蓋飯	841
中華冷麵	467	素麵	284
義大利肉醬麵	597	黑胡椒奶油義大利麵	830
豚骨拉麵	477	鹽味拉麵	401
韓式燒肉	550	大阪燒	553

　　午餐的話，男性應攝取約700大卡，女性則是約500大卡。午餐好吃的

料理很多，但如表所示，一不小心就可能會超過需要的熱量，或是變得偏重攝取某類營養素。可以兩菜一湯作為基本餐量。例如附有飯糰和小菜便當是559大卡，鹽燒鮭魚套餐是716大卡，小碗白飯是180大卡，小盤蔬菜的煮食是150大卡。只要把這些記住，健康的飲食生活就比較不容易出錯。

晚餐食品熱量表

和食		洋食	
食品名	熱量（大卡）	食品名	熱量（大卡）
飯（少量）	180	麵包	140
豬肉片	167	牛排	265
清炒青椒茄子	121	義式蔬菜湯	142
油豆腐蘿蔔味噌湯	56	奶油炒青椒	62
合計	524	合計	609

　　晚餐主要可選擇早、午餐沒有吃到的食物，營養來攝取，藉由晚餐，想辦法追加攝取早、午餐未攝取到的食材。如此，高齡者營養過剩或營養不良的危險性便可以降低。

◆營養不良的原因有哪些呢？

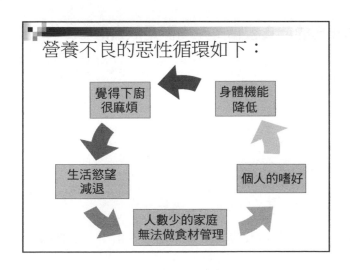

造成營養不良的原因有很多，藉由改善飲食習慣之課程去改變中高齡者的個人習慣，我們必須要讓每位中高齡者自己體會到改善飲食習慣的必要性，首先，必須教導每位中高齡者導致營養不良的原因有哪些。

一般有哪些原因呢？

1.身體狀況惡化到不能自行料理三餐。

2.虛弱、吞嚥咀嚼障礙、假牙不能咬合。

3.生活窮困到無法攝取足夠的飲食。

4.不能外出買東西，不能準備食物，只吃沖泡食品。

5.本來食量就很小，不能攝取充分的營養。

除了以上各種原因，也會有綜合性的因素。

營養不良的原因，也因個人嗜好、討厭下廚、身體機能降低、生活慾望減退，或因為家庭人數變少，食材無法妥善管理等各種可能性。為解決上述問題，有時需要醫師、營養師等專業的指導，或是改變料理的方式，藉由食物的保存、活用及均衡飲食來解決。然而，飲食習慣是一個人長久培養出來的，通常無法被輕易改變，那我們應該從哪裡開始改善、改變成正確的飲食習慣，才是重點所在。

(二)何謂正確的飲食習慣？～均衡是飲食的基本～

解說的重點：

❶健康和營養均衡

❷營養素和飲食均衡

❸何謂均衡的飲食習慣？

◆健康和營養均衡

大家都知道，日本人的平均壽命是世界第一，堪稱長壽國。但是大

家可能不知道，日本人的健康壽命也是世界第一！

何謂健康壽命？

健康壽命是指不需接受他人照顧，能夠自主健康生活的期間。日本人的平均壽命和健康壽命都是世界第一，而背後支持這個世界第一的到底是什麼？

答案就是「飲食」。

「日本的飲食型態」是促成這個世界第一的原因。而日本人的飲食型態到底是怎樣的呢？

其實，傳統的日本料理是高鹽料理，蛋白質、脂質、鈣質都攝取不足，但經由飲食習慣的西化，自1980年開始，蛋白質、碳水化合物及脂質才得到均衡的攝取。然而，由於過度的西化，日本人攝取過量的「脂肪」反而成為另一項大問題。因為吃多了油炸的食物而攝取過多的脂肪，以致於身體的PFC平衡遭受到破壞〔蛋白質（Protein）、脂肪（Fat）、碳水化合物（Carbohydrate）的均衡攝取，我們稱為PFC平衡〕，日本人現今肥胖人口推估可能有二千三百萬人。而且，肥胖人口增加的同時，因為「沒吃」而導致營養不良也是另一項重要的議題。特別是中高齡者、獨居或高齡夫婦們可能會有一天只吃兩餐、一餐分兩次吃、兩餐都吃同樣的東西，或是經常吃些會脹氣的飯類、麵包類、麵類以及油炸物等食物的情形，使飲食生活起了劇烈的變化。

變胖和變瘦的矛盾會同時出現的共同理由，就是由於飲食生活的PFC平衡受到破壞。

◆營養素和飲食均衡

為了能過健康的生活，需要攝取各種營養成分，但我們該如何適當地攝取這些養分呢？靠飲食來攝取的營養成分有哪些？您知道的營養素又有哪些呢？請各位一起想看看！

碳水化合物、脂質、蛋白質是三大營養成分，再加維生素和礦物

質，我們統稱為五大營養成分，以上五項營養素，能夠讓我們繼續生存下去。以下是在活動中所需的各種營養成分：

1.「提供能量」的營養成分是碳水化合物、脂質、蛋白質。

2.「製造身體」的營養成分是蛋白質、脂質和礦物質。

3.「調整身體狀況」的營養成分是維生素和礦物質。

這些營養成分在哪些食物中含量較多呢？

營養成分	含量較多的食物
蛋白質	肉、魚、蛋、大豆製品等
脂質	奶油、人造奶油、植物油、肥肉等
碳水化合物	飯、麵包、麵、地瓜、砂糖等
維生素	黃綠色蔬菜、水果、肝臟等
礦物質	海藻、牛奶、乳製品、小魚等

◆何謂均衡的飲食習慣

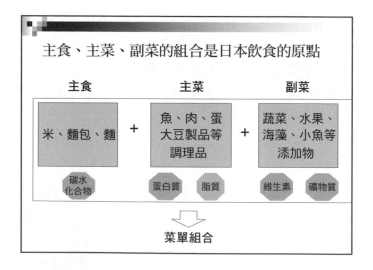

為維持我們的生命、製造及修復身體、活動所需的能量，是由營養成分所供給，而這些營養成分只能透過飲食來攝取，因此一天中需要吃些什麼、要吃多少量，便變得非常重要。

　　那麼，如何從均衡的飲食中攝取這些營養成分呢？

　　如上圖，平衡地攝取五大營養素。大致可以分為主食、主菜和副菜。理想的飲食是均衡地攝取主食、主菜和副菜，但是因為無法實際做到每一餐都能攝取均衡的營養素，所以只要一天的飲食中能得到五大營養成分即可。

(三)改善飲食習慣～知道方法的話就可以成為專家！

　　解說的重點：

❶製作「週飲食評估表」。
❷飲食評估表的目的。

◆製作「週飲食評估表」

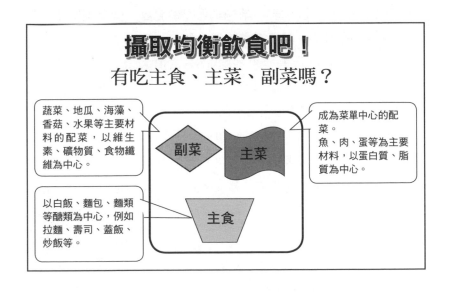

大部分的人不會刻意決定要吃什麼、吃多少，都是隨性地以自己喜歡吃的東西作為選擇，或因為沒有時間就隨便解決一餐。就讓我們來確認看看我們每天到底吃了什麼、吃了多少吧！

仔細檢查每日的飲食，並不是去計算攝取了多少熱量。而這個評估表中，需要確認的是下列幾點：

① 有沒有吃不夠？

- 每天都確實吃了三餐嗎？
- 有沒有一天只吃兩餐的情形？
- 點心有沒有吃太多呢？

② 有沒有偏食？

- 飲食中只吃固定的幾樣嗎？
- 會不會只吃飯或只吃菜呢？

③ 有沒有確實地攝取水分？

每人每天必須攝取1.5公升的水分，但有些疾病需要限制水分攝取，此點請和個案詳談後作調整。

下表為每日飲食評估表，請先試著連續記錄一個星期吧！

＊評估表的填法，請參考實踐篇中的第92頁。

＊不考慮吃了多少量，把已吃的部分畫掉。

◆飲食評估表的目的

改善飲食習慣的課程是以平常常吃的三樣食物，作為評估的基礎，並推測出日常生活的飲食習慣。這裡把日常的飲食習慣以主食，主菜、副菜分開來再檢查，以確認是否陷入營養攝取過多或不足的狀態，進而提高注意飲食的意識。

關於檢查表的使用：

　　從週飲食評估表來確認有無極端的偏食或水分不足，然後評估生活規律和飲食習慣是否相互平衡。

　　對於飲食生活的改善，向每個人個別的提出忠告是改善營養活動課程具體活動的主軸。但也應了解，要讓人把已經習慣的生活再做改變是很困難的。我們並不是要指正對方，而是希望從每個人願意改變的地方著手，一點一點提出建議。

 注意事項！

首先，最重要的是，應攝取生活最低限度所需的熱量，接著是真正理解「均衡飲食」的重要性，只要每個人都能意識到均衡飲食的必要性，便能使參加民眾有較強的動機去改變其飲食習慣。透過參與此課程讓參加民眾感到快樂、有趣，來提升其改變飲食習慣的動機吧！

飲食檢查表範例

年　　　　月			星期一（　　　日）		星期二（　　　日）		星期三（　　　日）	
早餐	主食	飯、麵包、麵	主食		主食		主食	
	主菜	魚肉蛋為中心的菜	主菜		主菜		主菜	
	副菜	水果、菇類、海草為中心的菜	副菜		副菜		副菜	
	水分水果	水、茶、飲料	水分	水果	水分	水果	水分	水果
	★早餐吃了多少呢？		○滿腹　●八分飽	○不足	○滿腹　○八分飽	●不足	○滿腹　●八分飽	○不足
午餐	主食	飯、麵包、麵	主食		主食		主食	
	主菜	魚肉蛋為中心的菜	主菜		主菜		主菜	
	副菜	水果、菇類、海草為中心的菜	副菜		副菜		副菜	
	水分水果	水、茶、飲料	水分	水果	水分	水果	水分	水果
	★中餐吃了多少呢？		○滿腹　○八分飽	●不足	●滿腹　○八分飽	○不足	○滿腹　○八分飽	●不足
晚餐	主食	飯、麵包、麵	主食		主食		主食	
	主菜	魚肉蛋為中心的菜	主菜		主菜		主菜	
	副菜	水果、菇類、海草為中心的菜	副菜		副菜		副菜	
	水分水果	水、茶、飲料	水分	水果	水分	水果	水分	水果
	★晚餐吃了多少呢？		●滿腹　○八分飽	○不足	●滿腹　○八分飽	○不足	○滿腹　●八分飽	○不足
一天中	嗜好品	餅乾、咖啡、酒等（不要過量）	吃的東西巧克力、柿子		吃的東西冰棒		吃的東西啤酒	

※水分的量：1天1.5公升（約10杯玻璃杯的量）

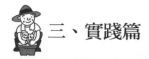

三、實踐篇

(一)實地演練（有關飲食均衡的小遊戲）

利用「料理卡」把能夠取得均衡營養的料理組合起來，用遊戲的方式快樂的學習。

首先，分組讓大家一面談話，一面進行，能讓參加民眾彼此互相交流。在開始有關飲食均衡的小遊戲之前，以破冰的方式，讓各組內的參加民眾拉近距離。

例如：以下列的程序進行遊戲

1. 主食＋主菜＋副菜能有怎麼樣的組合，請大家選擇合適的料理卡。
2. 設想早餐或晚餐「今天的早餐是怎樣的組合呢？」用料理卡確認飲食的現況。
3. 一面說「明天要吃怎樣的早餐呢？」並確認是否得到均衡的飲食，一面學習。
4. 一面說著「今天晚餐的菜單，現在考慮看看」的同時，一面考慮菜單，確認是否得到均衡的飲食，再進一步把好的組合建議向參加民眾說明。

有關料理卡的販售

玩這類遊戲使用的料理卡，在日本市面上有好幾種在販售

「仿真食物大料理卡」第1集　合適的料理篇（2940日圓）

「仿真食物大料理卡」第2集　稍為豪華篇（2940日圓）

「仿真食物大料理卡」附冊　仿真食材卡（2940日圓）

群羊社

113-33　東京都文京區本鄉2-12-4　　TEL 03-3818-0341

http://www.gun-yosha.com/

飲食生活評估表

年　　　　月			星期一（　　日）		星期二（　　日）		星期三（　　日）	
早餐	主食	飯、麵包、麵	主食 ◡		主食 ◡		主食 ◡	
	主菜	魚肉蛋為中心的菜	主菜 ◯		主菜 ◯		主菜 ◯	
	副菜	水果、菇類、海草為中心的菜	副菜 ◡		副菜 ◡		副菜 ◡	
	水分水果	水、茶、飲料	水分	水果	水分	水果	水分	水果
	★早餐吃了多少呢？		○滿腹　　○不足 ○八分飽		○滿腹　　○不足 ○八分飽		○滿腹　　○不足 ○八分飽	
午餐	主食	飯、麵包、麵	主食 ◡		主食 ◡		主食 ◡	
	主菜	魚肉蛋為中心的菜	主菜 ◯		主菜 ◯		主菜 ◯	
	副菜	水果、菇類、海草為中心的菜	副菜 ◡		副菜 ◡		副菜 ◡	
	水分水果	水、茶、飲料	水分	水果	水分	水果	水分	水果
	★中餐吃了多少呢？		○滿腹　　○不足 ○八分飽		○滿腹　　○不足 ○八分飽		○滿腹　　○不足 ○八分飽	
晚餐	主食	飯、麵包、麵	主食 ◡		主食 ◡		主食 ◡	
	主菜	魚肉蛋為中心的菜	主菜 ◯		主菜 ◯		主菜 ◯	
	副菜	水果、菇類、海草為中心的菜	副菜 ◡		副菜 ◡		副菜 ◡	
	水分水果	水、茶、飲料	水分	水果	水分	水果	水分	水果
	★晚餐吃了多少呢？		○滿腹　　○不足 ○八分飽		○滿腹　　○不足 ○八分飽		○滿腹　　○不足 ○八分飽	
一天中	嗜好品	餅乾、咖啡、酒等（不要過量）	吃的東西		吃的東西		吃的東西	

※水分的量：1天1.5公升（約10杯玻璃杯的量）

星期四（　　　日）	星期五（　　　日）	星期六（　　　日）	星期日（　　　日）
主食	主食	主食	主食
主菜	主菜	主菜	主菜
副菜	副菜	副菜	副菜
水分　　水果	水分　　水果	水分　　水果	水分　　水果
○滿腹　　○不足 ○八分飽	○滿腹　　○不足 ○八分飽	○滿腹　　○不足 ○八分飽	○滿腹　　○不足 ○八分飽
主食	主食	主食	主食
主菜	主菜	主菜	主菜
副菜	副菜	副菜	副菜
水分　　水果	水分　　水果	水分　　水果	水分　　水果
○滿腹　　○不足 ○八分飽	○滿腹　　○不足 ○八分飽	○滿腹　　○不足 ○八分飽	○滿腹　　○不足 ○八分飽
主食	主食	主食	主食
主菜	主菜	主菜	主菜
副菜	副菜	副菜	副菜
水分　　水果	水分　　水果	水分　　水果	水分　　水果
○滿腹　　○不足 ○八分飽	○滿腹　　○不足 ○八分飽	○滿腹　　○不足 ○八分飽	○滿腹　　○不足 ○八分飽
吃的東西	吃的東西	吃的東西	吃的東西

(二)調整自己的飲食習慣

評估表的填法：

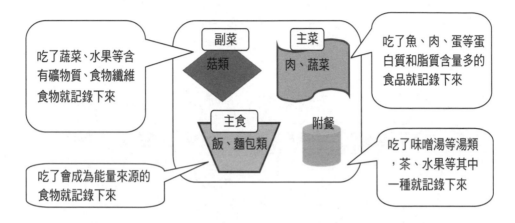

吃了蔬菜、水果等含有礦物質、食物纖維食物就記錄下來

副菜
菇類

主菜
肉、蔬菜

吃了魚、肉、蛋等蛋白質和脂質含量多的食品就記錄下來

主食
飯、麵包類

附餐

吃了味噌湯等湯類，茶、水果等其中一種就記錄下來

吃了會成為能量來源的食物就記錄下來

1.早中晚餐的部分分「主食、主菜、副菜、附餐」，實際上吃了哪些就把檢查表裡的圖樣畫掉。請參考第90頁，將吃過的食物畫掉。

2.畫掉各種吃過的食物後，在「吃飽」、「八分飽」和「沒吃飽」之間再打上●。

3.個人把自己的評估表填完以後，帶到下一次的講習會中互相檢討。也可以在彼此互相交流時再作確認。

(三)試試看！簡單又方便的烹飪法

◆善用冰箱的冷凍庫及微波爐的簡單料理法

對中高齡者而言，每天持續攝取均衡的飲食是很困難的，在這裡能派得上用場的是電冰箱和微波爐。例如：

1.咖哩飯或關東煮這類的食物，如果無法一次吃完的話，就先分開裝

在小盒子裡冷凍保存。

2.菠菜、小松菜等較軟的蔬菜須先燙過，肉或魚則保持原來的樣子或先煮過，再放在冷凍庫裡保存。

如果覺得「好像還少一樣菜」的話，可以先用微波爐解凍後，加入醬汁或放到味噌湯裡，以簡單的步驟即可取得均衡的營養。另外，營養過剩者可多攝取蔬菜類，不習慣只吃高麗菜或生菜的人，可以向其推薦煮熟的馬鈴薯、馬鈴薯沙拉等，不但熱量低，也容易有飽足感。而覺得料理很麻煩的人，可請他不要想得太困難，向其說明簡單做出的料理也能夠攝取到充分的營養！

①白飯

煮飯時，一次煮二至三天的份量，然後分裝在盒子中，用保鮮膜封好後，冷凍保存，要吃的時候再用微波爐微波；冬天時煮成雜燴飯的話，味道也不錯。

②蔬菜

活用當季的蔬菜，營養價值自然可以提升，同時可以享受到特價的優惠！像是青江菜、菠菜、小松菜等蔬菜買回來後，把它們一次煮好，再把湯汁擠乾，將蔬菜放入密封袋或保鮮盒中冷凍保存。要吃的時候，把想吃的量取出來食用。

紅蘿蔔、洋蔥、白菜、高麗菜等不用煮就可以冷凍。在蔬菜價格較高的冬季，已處理好的冷凍蔬菜也是既便宜又便利，乾燥的裙帶菜也很方便！

③攝取多量蔬菜的方法

像做沙拉的西洋生菜，好像是吃了很多，但其實量很少。要多吃蔬

菜的話，煮好以後加點鹽，讓體積減少，變成容易下嚥。另外更快的方法是，做成蔬菜汁等作為營養補給用。

④攝取鈣質的方法

牛奶或乳酪是最容易攝取鈣質的食物，假如會拉肚子或不喜歡乳製品的人可以吃小魚或納豆來攝取鈣質，或是在菜飯裡加羊栖菜、在湯汁裡加入柴魚片也是不錯的選擇！另外，小松菜的含鈣量較菠菜高。

⑤選擇能簡單食用的食材

推薦的是涼拌豆腐、納豆、豆類等不太料理即可食用的食物，可多加活用當天現做的食材。

⑥使用廚房剪刀

比較不會使用菜刀的人，可以準備一支廚房用剪刀。如此一來就算沒有砧板也可以把菜葉或薄的肉片切小。另外，切碎器或切片器也非常方便喔！

◆想一些省事的料理法

省事方法①

不用鍋子也可以簡單的做出蔬菜味噌湯：

用陶製的杯子放入切細的蔬菜和一大匙的酒（或者水），在微波爐中微波一分鐘，拿出來後放入一大匙味噌溶解在杯子內的湯汁裡，加滿熱水，再微波兩分鐘即可。如果覺得只有蔬菜不太足夠的話，可以加些乾燥的裙帶菜、魚捲等，可以變得更豐盛些！

省事方法②

把一塊年糕放入大碗公裡，並加入剩下的味噌湯或者煮火鍋剩餘

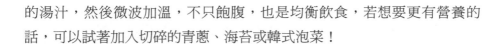

的湯汁，然後微波加溫，不只飽腹，也是均衡飲食，若想要更有營養的話，可以試著加入切碎的青蔥、海苔或韓式泡菜！

省事方法③

最後是煮泡麵的方法，專門的營養師可能因為油脂和鹽分太多而不推薦，但不同的料理方式也可以使泡麵成為很好的食材。

這會稍微費點功夫，步驟如下：

把麵放在別的鍋裡煮，去除油份，調味粉包不要全放，放七分量稍微有點味道即可，再放入高麗菜、豆芽菜、菠菜、筍乾、裙帶菜、水煮蛋等，如此就可以同時吃到既有營養又可以滿足視覺享受的食物！

◆針對沒什麼食慾或食量小者的建議

①用能吃的食物補充營養

勉強進食是大忌。應以補充能量為重點，從想吃的東西、能吃的東西開始吃！

②攝取容易消化吸收的高蛋白質食物

因為消化吸收能力降低（較低），所以吃稀飯是個不錯的選擇，在稀飯中放點白身魚或鮭魚切片也很好；而在市面上賣的速食湯包原料中，加上蔬菜、豆類、培根或番茄可以做出清爽的湯，若加上魚肉或雞胸肉，營養價值會更高；其他像是豆腐、白身魚等低熱量但是高蛋白質的食材也可以多食用。

③營養均衡的方法

主食、主菜、副菜雖然量少，但是也應取得均衡的飲食，使自律神經得到調節。

④利用調味料或補品也是好方法

• 使大豆產生澀味和苦味主要來源的大豆石鹼草素，它可以調整自律

神經。

- 大蒜、薑可以引起食慾，促進血液循環，能量代謝。
- 棗子的泛酸（維生素B$_5$）含量高，有抵抗壓力的功效。
- 韓國人蔘是有滋養強壯效果的中藥，可以強化自律神經，使之安定化。

(四)中高齡期的飲食和營養

隨著年齡進入中高齡期，基礎代謝率會降低，消耗的能量也會減少，但是蛋白質、礦物質及維生素等營養成分還是必須均衡攝取，如果只吃泡茶飯、蕎麥麵及水果之類的簡單飲食，會造成營養不良、體力下降。請注意以下所述的幾個要點：

◆確實攝取優質蛋白質

絕對不可缺少像魚貝類、肉、大豆、蛋、牛奶等的優質蛋白質。

◆必須讓食物更容易吞下（吃下）

隨著年齡增長的同時，咀嚼、吞嚥的能力也跟著減退，如果只有吃容易吃的東西，可能會造成營養不良，故可在食材上下些工夫，成片狀、塊狀之類的吧！

◆從菜開始先吃

如果無法把三樣菜餚都吃完的話，以主菜、副菜優先時用，先吃容易缺乏的優質蛋白質、礦物質、富含食物纖維的蔬菜、維生素等。

◆慢慢地、仔細地咀嚼後再吃

唾液的分泌可以幫助消化，在吃飯前做健口體操，唾液腺的按摩

也是很重要的！吃東西時慢慢地咀嚼，唾液的分泌及對食物的消化會更好。

◆攝取適量的水分

口雖然不渴，攝取水分的事還是要時時放在心上，無論是喝茶或喝水。特別重要的是睡前要補充水分！一杯水的水量可以防止血液的濃度提高、預防腦中風，另外，還有預防便秘的效果。吃東西時吃水分較多的豆腐或水煮蔬菜也是不錯的選擇！

◆應做適當的運動

食慾是使食物美味的秘訣。沒有感到空腹時，食慾也不會湧現。藉由出門散步、適度的活動身體，可以讓食物品嚐起來更美味！

四、「改善飲食習慣」活動課程的評估

此課程評估的意義和目的與提升運動機能的活動課程相同，希望社區的中高齡者參加了此課程後，能在早期發現機能的降低或變化，然後施以適當的處理，防止惡化。

評估的方法及注意事項如下：

(一)BMI

BMI數值對此活動課程是可信度較高的評估方法，所以工作人員應把BMI值記錄下來。

(二)飲食習慣評估的問答卷

　　在活動課程前、後進行問卷調查，此問卷需全部回答，若參加民眾填寫問卷有困難，則進行一對一的問答與協助。特別是把生活的飲食狀況用飲食習慣評估問卷回答時，可以儘早注意到已有偏食習慣或營養不良狀態的人們，以便達到掌握參加民眾的健康狀態和飲食習慣的目的。

飲食生活評價問卷

姓名：＿＿＿＿＿＿＿＿＿＿＿＿＿
下列的問題，請在適當的地方加〇

1	一天吃幾餐？	①一天3次　②一天2次　③一天1次
2	吃飯的時間固定嗎？	①是　②否
3	時常一個人吃飯	①是　②否
4	認為飲食對健康很重要	①是　②否
5	可以自己準備三餐	①是　②否
6	飲食是快樂的事	①是　②否
7	在吃飯以前肚子還不感到飢餓	①是　②否
8	喜歡吃甜的東西，有的話會馬上吃	①是　②否
9	吃剩的東西丟了可惜，所以會留下來吃	①是　②否
10	只吃喜歡吃的東西	①是　②否
11	知道自己在飲食方面的問題	①是　②否
12	有時會拉肚子	①是　②否
13	有時會便祕	①是　②否
14	在最近三個月體重有減輕	①是　②否

15	有時會發燒	①是　②否
16	一天中有整天在睡覺的情形	①是　②否
17	積極的想做對健康有益的事	①是　②否
18	一天約吃多少飯？一般的碗幾碗？	①4碗以上　②3碗　③2碗　④1碗 ⑤幾乎沒有吃
19	添飯時習慣添多少？	①像山一樣　②平碗　③7分滿 ④半碗以下
20	碗的大小多大？	①大碗　②中碗　③小碗
21	一天吃多少麵包？※只限平常有吃麵包的人回答	①2片以上　②1片　③半片以下 ④幾乎沒有
22	吃多少魚、貝類？	①每日2次以上　②每日1次　③2～3日1次 ④1週1次　⑤都不吃
23	吃多少肉類（牛、豬、雞等）？	①每日2次以上　②每日1次　③2～3日1次 ④1週1次　⑤都不吃
24	吃幾顆蛋？	①每日2次以上　②每日1次　③2～3日1次 ④1週1次　⑤都不吃
25	吃多少豆腐、納豆？	①每日2次以上　②每日1次　③2～3日1次 ④1週1次　⑤都不吃
26	吃多少蔬菜類（醬菜不算）？	①每日2次以上　②每日1次　③2～3日1次 ④1週1次　⑤都不吃
27	吃多少水果（橘子、蘋果、香蕉等）？	①每日2次以上　②每日1次　③2～3日1次 ④1週1次　⑤都不吃
28	吃多少奶油、人工奶油、蛋黃醬？	①每日2次以上　②每日1次　③2～3日1次 ④1週1次　⑤都不吃
29	吃多少炸蝦、炸雞等油炸食品？	①每日2次以上　②每日1次　③2～3日1次 ④1週1次　⑤都不吃
30	吃（喝）多少牛奶、優格等乳製品？	①每日2次以上　②每日1次　③2～3日1次 ④1週1次　⑤都不吃

31	吃多少醬菜、海帶醬？	①每日2次以上　②每日1次　③2～3日1次 ④1週1次　⑤都不吃
32	吃（喝）多少味噌湯或其他湯類？	①每日2次以上　②每日1次　③2～3日1次 ④1週1次　⑤都不吃
33	吃多少點心類（包子、糖果、餅乾、巧克力等）？※包子1個算1次	①每日2次以上　②每日1次　③2～3日1次 ④1週1次　⑤都不吃
34	喝多少酒類？	①每日2次以上　②每日1次　③2～3日1次 ④1週1次　⑤都不吃
35	喝多少酒類？（日本酒1樽，啤酒中瓶1瓶，燒酒酒杯1杯）	①3瓶　②2瓶　③1瓶　④0.5瓶

節錄自「大阪府介護預防照顧標準方案」

Chapter 5

不論年紀多大都可以品嚐美味可口的食物！

～健口體操和口腔照護的實踐～

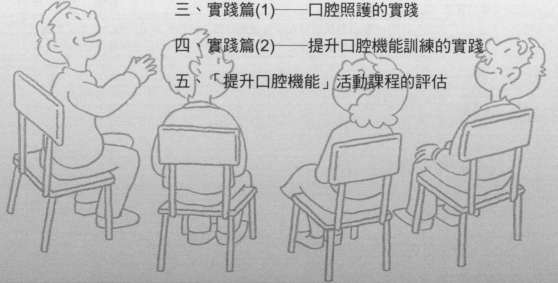

提升口腔機能的活動課程，目的是要建立不管什麼時候都可以用自己力量吃東西的能力，以及降低吸入性肺炎發生的可能性。健口體操（PA TA KA RA體操）等課程目的是要將每天刷牙、漱口或正確保養假牙的方法當成每天執行的習慣。希望能將增加口腔機能的健口體操及PA TA KA RA體操用在提升運動機能、改善營養均衡以及預防失智症的活動課程中，並製造可行的機會。

 一、「提升口腔機能」活動課程概要

理論篇	需要瞭解為什麼提升口腔機能是很重要的，並能確實的傳達給參加者知道，這會是使活動課程順利進行的重要因素。在演講時所用到的資料以及說話時的重點都會在此作說明。重複閱讀幾次並加以練習，直到能用自己的方式解說為止。
實踐篇(1) 口腔照護的實踐	保持口部和牙齒的清潔對防止吸入性肺炎的發生是很重要的。刷牙、漱口及假牙的保養方法都會在此加以說明。在實施的時候能有牙科衛生人員或專門工作人員在旁指導會比較好，但是志工人員能具備口腔照護的基本知識也是很有幫助的。
實踐篇(2) 提升口腔機能訓練的實踐	提升口腔機能的訓練是要實施臉部體操、舌頭體操和PA TA KA RA體操等健口體操。在實施時以牙科醫師等專門工作人員的指導為依據，不要勉強實施。
成效評估	在活動課程開始時和最後結束時實施評估。其目的不只是為了客觀的評估活動課程的效果，也可以引起參加者執行口腔照護活動的動機。

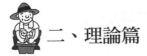 二、理論篇

(一)口腔的健康

重點：

❶怎樣算是能咬東西的牙齒？

❷什麼是飲食機能？

為了不論在何時何處都能品嚐到可口且多樣的美食，口腔的健康是不可或缺的，但是到底什麼是口腔的健康呢？下圖右的相片是大家年輕時約18歲的牙齒與口腔。這個時候會有咬不動的東西嗎？或是有吞嚥困難及嗆到的情形嗎？應該沒有這些現象吧！而像這樣的狀態就可以稱為健康的口腔。那麼口腔健康為什麼會受到損害呢？主要的原因是因為沒有了能咬合、咀嚼的牙齒以及飲食機能降低的緣故。

◆怎樣算是能咬東西的牙齒？

當年輕牙齒全部都在的時候，再硬的東西都可以咬碎。但若是因為蛀牙、牙周病或受傷等因素造成牙齒掉落的話，咀嚼力就會降低。使用假牙後就不能像以前一樣用自己的牙齒咬東西。原本能吃的東西，咀嚼會變得很困難，而不得不改吃較軟或切得較細的食物，甚至可能連喜歡的食物有時也會變成再也沒有辦法吃。

人的牙齒除了智齒之外有二十八顆，而這二十八顆牙齒各有一些不同的形狀，長得不盡相同，假若牙齒少了一顆或兩顆，即使用剩下的牙齒實際上是沒有那麼容易能夠確實的咬東西的。其形狀大致上可分成三類，有像獅子這類肉食性動物才能看得到的犬齒；也有像馬這類草食性動物一樣的門牙和臼齒。原因是人不只像獅子或馬一樣只吃肉或草，也吃穀

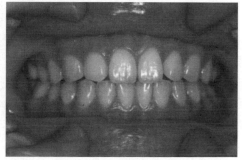

類、蔬菜、肉、魚等。因此為了更容易吃東西而有門牙、犬齒和臼齒三種形狀不同的牙齒。門牙有咬斷的功能，犬齒有撕碎的功能，臼齒則有磨碎的功能。這三種牙齒上、下、左、右配置的很平均，而為了能緊緊的咬住東西，故牙根深深地埋在顎骨的齒槽裡。

我們人類用這樣的牙齒上下咀嚼，把進入口中不同種類的食物咬斷、切碎、磨細，成為適當、能吞嚥下的大小。

人類因為要吃各式各樣的食物，少了一兩顆牙齒就會變得不易咬合。同樣形狀的牙齒只留下幾顆還可以，但是假如是門牙或臼齒少一顆時，吃東西時就會受到限制。雖然不管要吃任何東西時至少要有二十顆牙齒是最好（推動8020的運動）的說法，但是根據日本2005年的調查，每人平均現有的牙齒數60～69歲約二十顆；70～79歲約十三顆；80～89歲約只剩七顆。當年齡越長，牙齒的種類、顆數會越少，漸漸地會演變成咬不動的情況。掉下來的牙齒和還能不能吃的食物，據多種研究報告指出有著很大的關聯性，當牙齒變少了，能吃的東西也就受到了限制。而這個就是口腔健康受損的原因之一，也就是「要咬東西但是牙齒卻沒有了」的情形。

假如牙齒掉了的話，為了增強咀嚼力，就裝上假牙吧！雖然不能像自己的牙齒一樣好用，但比起沒有牙齒，其還是能夠提升些許的咀嚼

身體的平衡和牙齒的關係　～假牙是防止跌倒的拐杖～

　　提升運動機能是為了避免成為臥床不起的人，也是預防跌倒的重要方法。其實預防跌倒也和牙齒有著很大的關係。要知道身體的平衡能力，是透過「睜眼單腳站立」而得知。把兩手張開，一隻腳站立，檢測可以站立多久，結果發現65歲以上可以咀嚼的人比不能咀嚼的人可用單腳多站立了7秒鐘。故藉由牙齒的咬合和咀嚼，身體其實也可以得到平衡。

　　另外，沒有牙齒的人因為裝了假牙，不但可以享受美味的飲食，還可以有預防跌倒的功效。雖然只是假牙，但沒有它不行。沒想到假牙竟然可以變成預防跌倒用的拐杖代用品了。

力。後半段會提到口腔照護的話題，而預防牙齒掉落的方法就是口腔照護。

牙齒掉落的主因是蛀牙及牙周病。如大家所知，蛀牙也就是牙齒被酸性腐蝕了。牙周病是埋住牙齒的顎骨被侵蝕破壞掉，結果雖然沒有蛀牙，但是牙齒會自然掉落，但不論哪種情況其原因都是由口中的細菌引起的。細菌利用牙齒間的汙物繁殖，所以說去除牙齒的汙物是口腔照護不可或缺之事。

◆什麼是飲食機能？

接下來要說明損害口腔健康的另一個原因──即為「飲食機能降低」。下圖是吃東西時，所使用的肌肉。

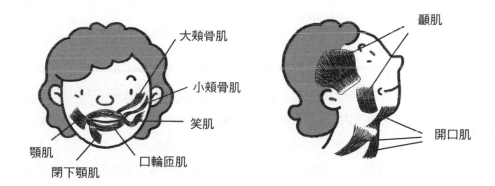

吃東西時，像剛才說明的，只擁有咀嚼的牙齒就沒問題了嗎？讓我們來試試看：下顎不要動來咀嚼、只要口張開來吃東西、舌不要動即吞嚥，試驗結果是不是要咬東西或吞嚥都不可能呢？有了能咬的牙齒，但牙齒以外的下顎、脣、頰、舌頭不動的話，還是無法吃東西。正是因為有口腔和牙齒協調動作，才能咬東西、吃東西。這正是咀嚼和吞嚥的組合，為了吃東西才有的口腔機能。而這種機能若是降低的話，咬東西及吞嚥都變得困難，有時還會有嗆到的可能。

那麼吃東西的機制（咀嚼和吞嚥的機制）是怎樣的呢？首先是咀嚼的機制，為了咬東西而埋入牙齒的顎部（特別是下顎），下顎可以執行上下、左右或畫圓等複雜的活動，並同時張口或閉口。要咬硬物時，要不斷地將下顎張開再閉上，下顎其實是會疲倦會累的，這是因為運動下顎時，和手腳一樣，是連在下顎骨的肌肉（咀嚼肌）都在收縮的緣故。運動到把口張開和閉合的肌肉才能發揮咬東西的功能。

因為牙齒掉了只吃柔軟的食物時，由於不太需要咀嚼，下顎運動的肌力就會衰退，漸漸的就變得不會咬東西，就像平常不走路的人不能走長距離的路程一樣。進入中高齡後，不是因為許多牙齒掉了所以咀嚼力降低、不能飲食，而是掉了一顆牙齒後，因咀嚼力降低，不去咬東西而逐漸地影響到咀嚼肌的功能。當口在張開、閉合咀嚼的時候，嘴唇也跟著張開和閉合（嘴唇也是跟著肌肉的運動而開合）。不咀嚼的話，這些肌肉功能降低，食物則會從口中掉出來，或是流出唾液來。

另外，在咬合時，具有重要功能的還有舌頭。舌頭是把放入口中的食物，提到牙齒的上方，或者翻動已經咬碎的食物並集中在一起，其能夠前後、上下、左右自由的活動。如果是軟食的話，舌頭會把食物頂在上顎壓碎，因此舌頭在口中的功能就像手一樣。舌頭在動的時候，舌中之肌肉同時也在活動。食物進入口中確實的咬合，可以藉此鍛鍊舌頭的肌力，並關係到舌頭的運動。一旦變得不能咬合時，肌力降低，舌頭的活動力漸漸減少，活動範圍也會受到限制。

接著是吞嚥的動作，這時舌頭也扮演著重要的角色。吞嚥食物時，舌頭把食物壓在上顎，從口腔的前方送到後方。舌頭一邊改變成像湯匙一樣的形狀，一邊把食物以複雜的動作移動。這時若是舌頭的肌力降低的話，也會有吞嚥困難的情形。從口中經舌頭送到後方的食物，通過喉嚨送到食道中。食物從喉嚨到食道時，要過兩個分歧點。一個是與鼻子連結的通道，另外一個是連接到氣管的地方。這時為了確保不會送到錯誤的方向，需由會厭來控制。會厭控制良好，食物就不會進入鼻子、氣管裡，也

就不會嗆到，並可以把食物順利的吞嚥下去。因為會厭和咀嚼肌肉、舌頭一起連動，所以一旦變得不能咀嚼時，肌力便會退化，且會更容易嗆到，而嗆到時可能把食物送到鼻子裡，發生吞嚥困難的情形，都是這個肌力降低的原因。以上是吃東西的機制。

為了使吃東西的機制能順利運作，必要的條件是「飲食機能」不能衰退。因為年齡增長的同時，肌力也會自然地衰退，所以應隨時提升飲食機能，也就是隨時提升口腔機能是很重要的。

能確實咬東西的力量，不只是有能力咬碎硬的東西就好，對吞嚥能力也有很大的影響。牙齒掉了不能咀嚼以後，雖然裝了假牙也會有不能好好咀嚼的情形，這可以認為是飲食機能衰退的關係。由此可知，吃東西並不是只要有牙齒就可以完成的事。有了能咀嚼的牙齒，然後需要有和牙齒協調動作的嘴脣、舌頭、顎部、口腔全體的動作。反過來說，有了口腔全體的動作能力，但沒有能咀嚼的牙齒的話，也就只能吃柔軟的食物而已。

口腔健康遭受損害的原因是：(1)能咀嚼的牙齒掉落；(2)飲食機能衰退。這原因想必大家都已知道了吧！

如上所述，口腔健康的秘訣是要牙齒能咀嚼。牙齒掉了，不能好好的咀嚼或只有吃軟食時，為了補救、恢復飲食機能，必須要有提高肌力且提升口腔機能的方法。有了方法，才能有口腔照顧。

咀嚼能促進頭部肌肉（如第105頁的圖）的活動。咀嚼的力量不只是對肌肉有良好的影響，腦部也會因此受到刺激，腦血流也會改善。更進一步地，從大腦的研究中得知，活動口腔時，大部分的腦也在活動如下頁所示。

(二)提升口腔機能的意義

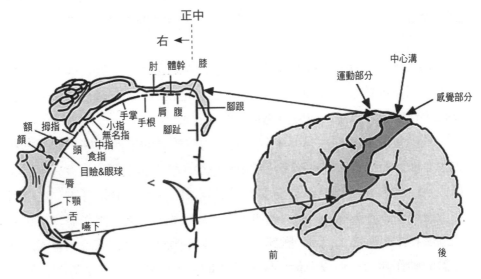

運動部分，從後面看的左半部　　　　大腦皮質，從左方看的圖

資料來源：Penfield, 1950.

　　為了吃東西，最重要的不是牙齒，而是其協調活動的口腔機能。口腔肌力和手腳一樣，會隨著年齡的增長而自然地衰減。牙齒掉落而不能充分咀嚼時，會更進一步導致肌力的衰退。為了能順利進食，必須引起咀嚼、唇、舌等肌肉的自發性活動，而強化肌力就會是必要的。也就是說，提升口腔機能有其必要性，如此才能維持並增進飲食的能力。除了提升口腔機能，飲食機能也應維持並增進，另外還有其他維持健康的方法。其中之一是要能分泌足夠的唾液。

◆唾液的分泌

　　一般說來，隨著年齡增長，唾液的分泌也會減少。通常一個成年人一天可以分泌1～1.5公升的唾液；根據報導，大約40％的高齡者有口乾

的現象。主因是服藥引起的副作用、咀嚼的刺激減少以及水分攝取不足等。由於唾液分泌少，口腔變得乾燥，容易導致口腔不衛生，造成口臭或舌上附有舌苔，舌頭或口腔黏膜亦可發現明顯的變化，也會引起味覺上的障礙。

舌苔

> 舌頭的表面會出現白色或褐色的苔狀物。久不使用口腔、唾液減少、清潔不良等都容易產生舌苔。
>
> 這也會影響到飲食機能。如唾液減少會增加食物在口腔內變成可吞嚥狀態的時間，吞嚥時亦會因潤滑度不足而嗆到。

「細嚼慢嚥」父母親會這麼說是為了要使飲食機能活躍，好好的咀嚼關係到唾液的分泌量。在解剖學上說明牙齒的咬動、舌頭的活動可以刺激唾液腺分泌唾液。唾液的功能就如同下面所顯示的。在不能咀嚼時，攝取水分、做舌頭體操、按摩唾液腺或刺激唾液分泌是可以幫助分泌的。

> **1.唾液的功能：**
> ・幫助食物的消化吸收
> ・讓食物成為容易吞嚥的形狀（食塊）
> ・預防癌症
> ・防止老化
> ・潤滑發音
> ・預防牙齒石灰化、預防蛀牙
> ・抑制口中細菌的增殖（抗菌、殺菌作用）
> ・假牙的安定等
> **2.長期服用可能導致唾液減少之藥品（因人而異）：**
> ・利尿劑、降血壓劑、抗巴金森氏症劑、神經劑等

◆預防吸入性肺炎

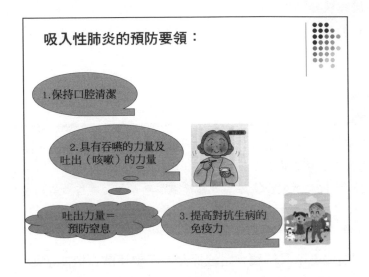

吸入性肺炎的預防要領：

1.保持口腔清潔

2.具有吞嚥的力量及吐出（咳嗽）的力量

吐出力量＝預防窒息

3.提高對抗生病的免疫力

　　提升口腔機能有另一個好處，那就是能防止誤嚥，誤嚥是指把食物或異物吞嚥到氣管。當喉嚨或頭部的肌力衰退時，就有可能發生。

　　「口腔內受汙染」、「身體沒有抵抗力」等條件重複出現時，就會發生吸入性肺炎。在2004年日本厚生勞働省的調查結果，肺炎占日本死亡原因的第四位。但是80歲以上高齡者的死因，肺炎占第一位。

　　口腔內常有溼氣存在，溫度維持約36～37℃，且有濕潤的唾液，故口腔是細菌非常容易繁殖的環境。生病或年齡增長的因素，忽然大口的吞嚥、嗆到或異物進入氣管時，咳出能力變得衰弱，口腔內的細菌或逆流出來的胃液容易誤入氣管內，導致吸入性肺炎。另外，在睡眠中，將含有細菌的唾液誤嚥後發病而對高齡者造成生命危險的病例亦不在少數。假如是身體健康的人，即使有誤嚥的情形也不容易生病，但是當身體抵抗力降低時，便容易生病。以進食保持良好的營養狀態是預防吸入性肺炎的重要方法。

(三)什麼是口腔照護

照護口腔，不是指單純的刷刷牙或漱漱口而已，還需預防牙齒生病（例如蛀牙和牙周病）、清潔舌頭或口腔黏膜，並提高飲食機能，為了維持及增進口腔健康所做的照護工作總稱為口腔照護。注意口腔的衛生及假牙的清潔等即是基本的口腔照護。

口腔照護的目的

- ·預防蛀牙或牙周病
- ·預防口腔癌、舌炎、念珠球菌口腔癌
- ·消除口臭
- ·預防牙病灶（dental focal infection）感染
- ·預防吸入性肺炎
- ·營造舒適的氣氛，促進食慾
- ·透過口、唇、舌、頰、喉嚨的刺激或按摩來訓練咀嚼及吞嚥
- ·提升口腔發音及造音機能
- ·促進唾液的分泌，促進自淨作用，防止口腔感染
- ·刺激味覺

——摘錄自日本牙科衛生士會研修教科書

 ## 三、實踐篇(1)——口腔照護的實踐

(一)刷牙、漱口

◆刷牙的方法

每次吃完東西後刷牙是最基本的要求。至少一天一次花點時間，仔

細的刷牙。

①齒垢

齒垢（plague）是造成蛀牙或牙周病的原因。在1公克中據說含有2～3兆個細菌。牙垢是白色軟軟的糊狀物。

只用漱口方式是無法去除的，要用牙刷機械式的清洗，才有辦法清除。齒垢因為是白色的，只用眼睛是不容易看清楚是否已經清除乾淨。在牙科診所用齒垢染色劑染成紅色，就可以看出有沒有刷乾淨。另外，也可以用舌頭舔舔看看自己的牙齒表面，如有汙垢則會有黏黏或粗糙的感覺。

> 齒垢，不單單只是食物的殘渣，同時也是孳生細菌的地方。在這些齒垢中的細菌所產生的「酸」或「毒素」是造成蛀牙及牙周病的主因，因此確實清除齒垢除了能減少細菌的數量外，對於蛀牙及牙周病的預防及改善也是非常重要的。

②牙結石

牙結石是唾液中的鈣附著在牙垢上，變成固體狀的東西。在身體裡的結石（腎結石或尿道結石等）對身體都有不好的影響。牙結石放著不清除時，其細菌會溶解支持著牙齒的骨頭，進而成為牙周病。附著在牙齒上的牙結石自己無法去除，必須要到牙科診所才有辦法去除。

刷牙的方法：拿牙刷的方法和拿鉛筆的方法一樣，輕輕刷的話，不會傷到牙肉。牙刷的毛端輕壓在牙齒之間的交界線，微微的移動。每次一顆或兩顆仔細地刷。

刷牙的要點～「牙齒有刷」到「牙齒刷好了」

「牙齒刷過了」和「牙齒刷好了」意義全然不一樣

1公克的齒垢中據說含有2～3兆個細菌

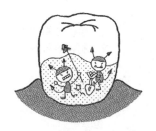

刷牙是清除造成蛀牙和牙周病的元凶——齒垢。
齒垢是在牙和牙床之交界處、牙齒和牙齒之間、
後面牙齒的牙溝裡附著的糊狀物。齒垢因為是白
色的，只用眼睛很難看出是否已清除。

蛀牙容易發生的地方在哪裡？

變成茶色的話要注意！　牙和牙床的交界處　　　加了牙釘（clasp）的牙齒

牙齒和牙齒之間　　　　　牙齒和牙床的交界處

試試看！檢查刷牙的方法

牙刷的選擇

頭小毛不能太硬

牙齒要刷五面

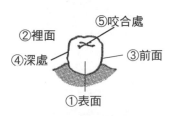

⑤咬合處
②裡面
④深處
③前面
①表面

牙刷的交換

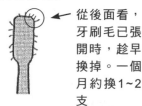

從後面看，
牙刷毛已張
開時，趁早
換掉。一個
月約換1~2
支

牙刷的交換

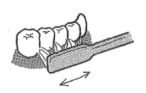

牙刷和牙床的交界地
方，用牙刷輕微移動

牙刷拿法，刷牙順序

表裡、上下、左右。自己決定習慣的順序。如例①→⑤

像握鉛筆一樣，輕微移動

最後牙齒的內側把牙刷橫放著刷

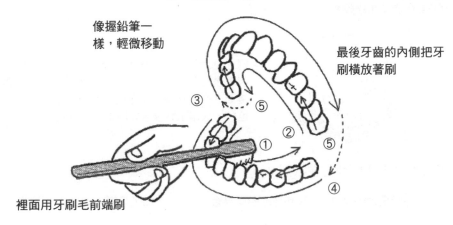

裡面用牙刷毛前端刷

除去牙齒之間齒垢的小道具

齒間刷

到牙科診所選擇適合自己使用的齒間刷。剛使用時可能會出血但不用擔心。

牙線
像鋸子一樣，在牙縫中前後移動，然後移出。

有沒有刷乾淨，用舌頭檢查

用舌頭在牙齒表面舔看看。假如有汙物時，會感到黏黏的或粗粗的。

沒事就常常拿起牙刷

一天一次，在不忙的時候，悠閒的刷牙……

讀報的時候

看電視的時候

聽音樂的時候

入浴泡澡的時候

◆漱口的方法～防止感染，復健口腔周圍的肌肉，增加吞嚥力～

　　飲食前後或口渴時漱口是最好的時機。漱口時用水或溫水即可。使用茶、檸檬水、鹽水、漱口水也可以。

　　「噗咕噗咕地漱口」、「咕啾咕啾地漱口」是口脣緊閉、臉頰肌肉的復健。「喀啦喀啦地漱口」是預防感冒，同時不讓水流向鼻子的好方法。保持不讓水進入氣管，同時規律、平穩的呼吸也有復健的效果。

漱口有3種方法！每天各實施10次

1.在牙齒與牙齒之間，讓水能進出強力的「噗咕噗咕地漱口」。

2.把水從左頰送到右頰，「咕啾咕啾地漱口」。

3.臉向上，嘴巴張開，「喀啦喀啦地漱口」。

◆刷牙的小道具

①牙刷

　　・尼龍的毛，硬度普通，尺寸要小型，柄要直。

　　・身體抵抗力變弱的人，選擇使用軟毛牙刷。

　　・牙刷的大小，約與兩顆上門牙同寬較為適合。

　　・假如有掉牙的人，用較小的牙刷較容易刷。

　　尺寸較小的牙刷常常被認為是小孩用的，很方便，但是有的刷毛較硬需要注意。尚有些人到今天為止仍保持著相同的習慣，無論如何都認為

豬毛或天然的毛做的牙刷比較好，但是那些產品刷毛比較密集，反而容易
造成不清潔。牙刷多準備幾隻，盡可能用乾燥狀態的牙刷較佳。

②齒間刷

牙齒和牙齒之間的間隙比較大時，或作為牙橋清洗時使用。到牙科
診所，選擇適合自己的尺寸，在牙齒和牙齒之間垂直插入，來回刷洗幾
次。但勉強插入時會傷到牙齦需要注意。

③牙線（dental bloss）

作為牙齒與牙齒之間的清洗時使用。在不傷及牙肉的情形下，將牙
線像鋸子一樣，前後移動插入牙齒縫隙，上下移動清除汙物。

④牙膏——量不用太多，不要太過相信

刷牙的主角是牙刷，牙膏其實只是輔助品。有些牙膏會加入有預防
蛀牙效果的氟化物或對牙周病有效的藥劑。但是這些藥效到底還是只能除
去齒垢而已。另外，幾乎所有的牙膏裡都會加入薄荷等在口中感覺清爽的
香料，這些香料會誤導出齒垢已經去除的錯誤感覺，所以有些牙科醫師會
限制使用牙膏。但是完全不用牙膏的話，可能會有茶漬、酒的色素、食物
中的汙物附著於牙齒上的情形。

我們推薦的方式是——先用牙刷仔細的把齒垢去除後，再用一點點牙
膏（如紅豆粒大），刷兩次牙。

能看到牙根的話，使用含氟的牙膏比較適當。使用電動牙刷的人，
來回的次數（牙刷的回轉次數）比較多，過量使用牙膏時，會增加研磨效
果，導致牙齒被磨損，故選擇不含研磨粉牙膏較佳。

◆舌頭和黏膜的照護

不只是牙齒，舌頭和黏膜（牙床、臉頰內側、上顎等）的照顧也是
重要的。特別是唾液分泌已經減少的中高齡者們，在舌頭或黏膜上若附著
食物的剩餘碎屑，則細菌容易孳生。舌頭的汙染是造成口臭、食不知味的

主因。黏膜照護不只是去除汙物的功效，也能夠促進唾液的分泌。

　　照護的方法：刷牙後，或取下活動假牙後，把舌頭及黏膜（牙床、臉頰內側、上顎等）清洗乾淨。漱口讓口腔內濕潤，然後用軟的牙刷或舌刷輕柔的刷洗。但是要小心不要過分刷洗而傷到味蕾。

(二)假牙的保養

　　假牙的清洗和吃飯的用具一樣，每次餐後都要實施，使用後應以牙刷清洗乾淨。有關假牙的清洗及保管如下，一一作個確認吧！

1.與牙肉密接的內側部分容易汙染，不要忘記用牙刷洗乾淨。
2.牙刷中也有假牙專用的牙刷，或商店販售的洗衣刷也可以使用。
3.在牙膏中多數含有研磨粉，過度刷洗的話，塑膠部分會被磨損，密合度會受到影響，應特別注意。
4.用熱水或漂白劑浸漬時，會造成假牙變形、塑膠部分變色等情形。乾燥也是變形的原因之一，因此假牙拿出來後應保存在水中。
5.取下的假牙原則上是清洗乾淨後在水中保存。
6.假牙取出後，牙齒和牙床的密合度會改變。擔心一不注意掉到地上而不想拿出來的人，在醒著時至少每二至三小時取出假牙，讓牙床休息。
7.每星期使用二至三次假牙專用洗淨劑，可防止假牙產生異味。

◆假牙固定器～假牙固定器乃暫時處理，最好還是請牙醫師作個診斷～

　　若常常使用假牙固定劑，會導致牙床骨變小或咬合緊密度鬆弛。假牙固定劑多適合短期使用，最好還是到牙科診所修正假牙。另外，假牙固定劑是容易造成假牙內側不潔的原因，連續使用時必須注意。

容易產生藏汙納垢的地方

雖然用眼睛看不見，但黏黏的齒垢會附著在上面

裡面

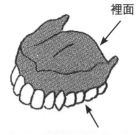

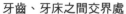

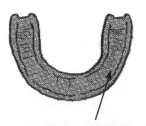

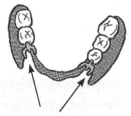

牙齒、牙床之間交界處　　　黏膜含牙床接觸處　　　掛住牙齒處

假牙固定劑有兩種形式：

1. 假牙與牙床黏著（粉末狀、紙片狀、膏狀）：容易、方便，但是藥劑容易流失，可能會因吃一頓飯就全部流失。

2. 埋入假牙和牙肉之間（管狀型）：使用一次可保持二至三天，但是從管中壓出時需要用點力量，要平均的延展藥劑需要某種程度的技術。

假牙不密合的檢查點

□ 活動顎部時，假牙會隨著搖動

□ 安裝假牙後，牙床痛得不能咬合

□ 上排的假牙掉落、下排的假牙浮起

□ 口腔時常發炎

□ 部分假牙的金屬掛鉤會碰到舌頭

□ 不容易裝上假牙

□ 塑膠部分有細的裂痕、牙齒部分有缺角

□ 假牙上有結石

◆假牙洗潔劑～輔助用品，主要還是以牙刷清洗～

　　經牙刷清洗後再使用。只塗上洗潔劑後放著，是無法清除那些黏黏的汙物的。因為洗潔劑各有不同的特性，故應按照不同用途分別使用。特別應注意放置的時間，若超過指定放置時間，會有變色或劣化的可能。另外，在洗淨後放入口中前，應使用流動的水把藥劑沖洗乾淨。

假牙洗潔劑的類型

1.發泡型：通常用於去除髒汙，對微生物的效果稍弱。
2.酵素系列：用酵素的力量，將微生物清除乾淨。但是像香菸的菸油、茶的茶漬等無清除效果。
3.次氯酸鈉系列：有強效的殺菌力，但長時間放置時，假牙的金屬或塑膠會變色。

四、實踐篇(2)──提升口腔機能訓練的實踐

(一)PA、TA、KA、RA體操和健口體操

　　透過在日常生活中進行PA、TA、KA、RA體操或健口體操，可以維持並提升咬合力及吞嚥力。飯前實施健口體操，對於時常口渴、飲食吞嚥不便或容易嗆到者有明顯的效果。通常於照護預防計畫中最後五分鐘進行，另外作為每天飯前的準備運動，將健口體操繼續保持下去。

◆PA、TA、KA、RA體操

　　PA、TA、KA、RA體操是一種為了提升從食物進入口中到咬碎吞下

這一連串舌頭與口腔動作的體操。讓我們正確仔細地發出PA、TA、KA、RA這幾個音，來提升我們的吞嚥力吧！

　　1.從食物進入口腔後，確實將嘴巴緊閉的一連串相關動作是「啪」（PA）。

　　2.將食物咀嚼咬碎時，舌頭一連串的相關動作是「他」（TA）。

　　3.將食物「咕嚕」地吞下去時，舌頭一連串的相關動作是「卡」（KA）。

　　4.舌頭把咀嚼咬碎的食物聚集在一起的一連串相關動作是「啦」（RA）。

　　如能儘早練習並在短時間之內將「PA」、「TA」、「KA」、「RA」這幾個字正確且清楚地發音，便能夠提升口腔機能。

PA
口脣緊閉的動作。

TA
舌頭前端的動作。關聯到緊閉氣管口，不讓食物誤入氣管中的動作。

KA
舌頭後方的動作。關聯到緊閉氣管口，不讓食物誤入氣管中的動作。

RA
關聯到舌頭把食物聚集在一起的動作。

◆健口體操

　　健口體操是以維持、提高咀嚼力和吞嚥力為目的，在日常生活中就可以實施，讓舌頭、臉頰和頭的肌肉能夠運動的體操。我們臉部的肌肉能做出身體中最複雜的動作。試著活動平常不會刻意使用的臉部肌肉或口中肌肉。雖然一開始會無法很順利的活動，但是漸漸就會習慣怎麼去運動它們。配合「雨夜花」、「月亮代表我的心」、「當我們同在一起」等參加者喜歡的歌，一面進行體操的話，可以很輕鬆、愉悅的進行。

①深呼吸，伸展肩膀

　　維持平穩的呼吸，讓頭部以下放鬆，強化吞嚥時使用的肌肉。

②頸部體操

　　能減緩頭部四周的緊張，使吞嚥順利。

③臉部體操

　　強化口部周圍、臉頰的肌肉，使飲食更容易，促進吞嚥。

④舌頭體操

　　強化吞嚥的力量、強化舌頭的力量，使吞嚥更順利安全。

⑤按摩唾液腺

　　刺激唾液分泌，口中的食物便容易集中（容易把食物集成塊狀），也能順利地吞嚥。

試看看　健口體操！

・時常感覺口渴、不易吞嚥、容易嗆到者，請在飯前做！

・最適合做有朝氣、活潑的表情。在早上洗臉後實行！

①伸直背部，肩膀上下動5次　　　　②頭部體操（各2次）

提起放下，深呼吸2次　　　　向左、右傾斜　　轉向左、右　　向右、向左大旋轉

③臉部體操（各3次）

 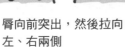  

唇向前突出，然後拉向
左、右兩側

眼睛和口大大張開，然後吸
口氣，兩唇向左、右拉，面
頰提高，閉上眼睛

嘴唇縮小後向左、右動

④舌頭體操（各5次）

舌頭盡量伸出，然
後向後收縮

把舌頭向前伸出，然後向左、向右移
動，最後向舔嘴一樣轉動

舌頭伸出前面後，
像舔鼻子及下巴一
樣上下移動

⑤唾液腺按摩

舌下腺　顎下腺　耳下腺

用食指到小指四個指頭
貼在頰上，摸到上排後
面牙齒之後，由後向前
迴轉按摩（10次）

用拇指按住下巴骨的內側柔軟部
分，從耳朵下到下巴下，分五個地
方依序按壓（各5次）

兩手拇指靠在下巴正下方，
要把舌頭擠上去一般地按壓
（10次）

◆快樂地完成提升口腔機能的小遊戲

提升將唇緊閉的力量或鍛鍊口唇周圍的肌肉，以呼氣、吸氣、閉氣來控制呼吸以防止誤嚥。

1.利用繞口令或說話遊戲

利用繞口令或說話遊戲的用詞，慢慢地、仔細地盡可能正確地讀出來。習慣後，像唸詩或說笑話的方式朗讀。

例如：

・青蛙一跳一跳　跳了三次還在跳　合計跳了三跳　共六跳

・旁人的客人　愛吃柿子的客人

・青捲紙　紅捲紙　黃捲紙

2.紙氣球或乒乓球的足球賽

用吸管將紙氣球或乒乓球吹向球門。

3.運送色紙

利用吸氣把小色紙吸住並移動。

4.玩具風車中接龍

吹動玩具風車，在轉動停止前玩接龍（前面的人說一句話，第二人以最後一個字為起頭另造一句）。

5.口吹飛鏢

在瓦楞紙中，挖幾個洞，寫上點數。把筆蓋套在吸管前端，用力吹氣讓筆蓋飛出，投入洞中。

6.風力保齡球

以口吹球，使之推倒塑膠做的小保齡球瓶。

五、「提升口腔機能」活動課程的評估

　　基本上，提升口腔機能活動課程的評估與提升運動機能活動課程的評估之意義與目的大致相同。提升口腔機能的評估主要指咀嚼力及吞嚥力，如果能在牙科醫師的協助下取得客觀的評估是最好不過的。但是，志工們所進行的評估是指在日常生活中參加者本身的主觀評估。重要的是，在社區裡生活的中高齡者們能對口腔照護及健口體操保持興趣，在日常生活中自動自發的繼續實行，這種在意識上和行動上的改變。希望能將「吃飯已經可以好好享受」的實際感覺繼續下去，達到自我照顧的效果。

　　志工們實施的口腔機能評估是利用下面所列的評估表，讓參加者作主觀的評估，在活動課程的前後進行。

1.基本檢查項目：以下頁的基本檢查項目來檢測口腔的機能，在活動課程進行的前後實施。

2.生活機能評估的問答第13～15項：在前述68頁所列的生活機能基本檢查項目中，第13～15項是有關提升口腔機能的項目。定期利用這個檢查表，可以知道參加者的變化。

口腔機能檢查表

檢查項目	症狀	可能原因	對應措施	預期效果
①與半年前相比，硬的東西不容易吃（需考慮當事人的嗜好）（到現在為止，可以吃的東西變成不容易吃）	· 飲食嗜好、習慣改變 · 食物長時間含在口中 · 食物從口中流出 · 食物常卡塞在口中	· 咀嚼機能降低 · 牙齒或假牙不密合 · 吞嚥機能降低 · 懷疑罹患失智症	· 至醫院或牙科診所就診 · 進行飯前的健口體操運動（頰、舌、口、肩的運動） · 練習繞口令或PA、TA、KA、RA發音	· 能咀嚼，能吃的食物增加 · 進食的樂趣增加，也喜歡對話
②喝茶、喝湯變得容易嗆到	· 在進食時嗆到 · 感覺到喉嚨中還有東西存在 · 嚥下後聲音改變 · 痰液增加	· 吞嚥機能降低（舌的力量變弱） · 有窒息的危險	· 飯前進行健口體操（舌、肩、頭的運動） · 深呼吸、腹式呼吸 · 練習咳嗽	· 吸入性肺炎或氣管感染的危險性減少 · 窒息的危險性減少 · 痰液減少，安全的進食、快樂談話
③時常感覺口渴	· 半夜中因口渴醒來多次 · 唾液變黏稠 · 較乾的食物變得不容易吃 · 假牙容易掉落 · 較常發燒 · 常形成舌苔	· 肺炎的危險性 · 唾液分泌減少 · 水分不足	· 按摩唾液腺 · 飯前健口體操 · 口腔清潔 · 飲食環境 · 食材的整理 · 攝取水分或生活指導	· 預防吸入性肺炎反氣管感染 · 改善口腔乾燥力 · 吞嚥變得較為容易 · 味覺恢復 · 預防蛀牙 · 改善假牙的安定性

厚生勞働省提升口腔機能能手冊改編

Chapter 6

預防認知機能退化
～瞭解並且預防失智症～

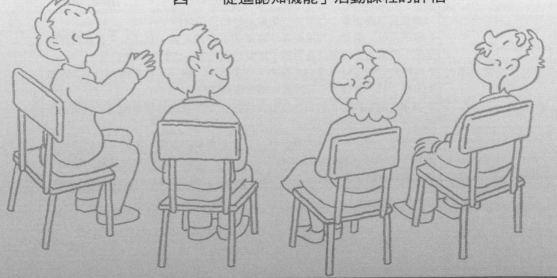

　　雖然我們逐漸地瞭解失智症的病因，預防失智症及促進認知機能的方法仍無跡可尋。這些活動課程不僅是機能的活化，更重要的是讓工作人員和居民甚至是失智症患者快樂地一同參與課程和活動，提升民眾持續參與的意願，活動進行必須避免讓參加者產生壓力而退縮。

　　認知機能活化的目的：

1.對健康的中高齡者，減少失智症發作的危險因子。

2.讓健康的中高齡者深入瞭解失智症及其症狀，讓家屬、朋友或鄰居等能早期發現失智症初期的徵象。

3.有輕度認知障礙（MCI）時，提供增進認知機能的活動，延緩失智症的惡化；提供活動時必須有健康服務中心或專業人員的協助。

一、「促進認知機能」課程概要

破冰活動	為了消除參加者的壓力與緊張感，以促進居民間彼此互相交流、化解尷尬氣氛為主要目的。破冰的方式，請參考第8章說明。
理論篇	強調早期發現早期治療的重要性，加深對失智症的瞭解，並向參加民眾確實說明促進認知機能的目的。理論篇的後半段是在說明失智者的情緒，以及與失智者互動的技巧和方法。實施活動課程前務必閱讀且充分的瞭解。
實踐篇	以參加民眾為對象，促進認知機能活動的目的有兩項： 1.舉辦課程、活動，增進社區中高齡者的交流互動，以減少失智症發作的危險、理解生命的意義為目的，增進社區裡的中高齡者互動交流。 2.在輕度認知障礙階段提供腦力活化的活動，讓「工作記憶力」、「注意力分配」、「計畫力」等的認知機能延緩退化。 本書中的活動內容，只是一部分；參加民眾的狀況都不盡相同，必須安排適合參加民眾的活動內容。
成效評估	活動課程開始後利用評估量表在第二次及最後一次進行認知機能的評估。這是為了將活動課程的成效作客觀的評估，並且瞭解參加民眾的認知狀態，而非診斷是否失智。

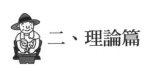 二、理論篇

(一)什麼是失智症？

重點：

❶什麼是失智症？
❷引發失智症的因子

◆什麼是失智症？「健忘」與「失智」的不同

> ● 「後天學習的知識，因腦部器質性的傷害而機能逐漸降低，使日常生活產生困難」……至少超過100個因子。
>
> ● 例如：阿茲海默氏症、血管型失智症、額顳葉型失智症、路易氏小體病、巴金森氏症、庫賈氏症、亨丁頓氏舞蹈症、腦下皮質動脈硬化症、腦病變、愛滋病以及各種藥物、金屬、有機化合物中毒等等。

　　開始活化認知機能以前，必須深入瞭解什麼是失智症以及導致失智症的原因。為了遠離失智症，在健康期活化認知機能的預防課程很重要，更重要的是假如身邊的親朋好友得到失智症的話，儘量多關心、支持並做適當的處置，為了達成這些目標，讓我們來認識失智症吧！

　　我們得對失智症有基本的認識，失智症和老化引起的「健忘」有所不同（例如：前天晚餐吃了些什麼、人的姓名、忘了東西擺放的位置等等）這類「健忘的情形」相信許多人都曾經感受過；隨著年齡的增長，健忘、新的東西不容易記住，是每個人都會發生的，這是一種正常的「腦部老化」。一般來說，「健忘」就是暫時想不起來，但經過仔細回想仍能記

起的體驗。

　　那麼失智症是什麼呢？

　　失智與我們暫時想不起來的「健忘」並不相同，例如「昨天的晚飯到底有沒有吃」、「現在想做什麼？」等等，體驗過的事情再也想不起來，甚至認為完全沒發生過，就是失智症的特徵。「健忘的情況是忘記的事情只要回想一下即可記起；而失智的情況則是，體驗過的記憶完全消失。」

◆引發失智症的因子

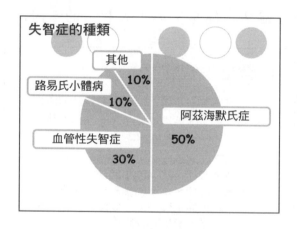

　　隨著年齡增長，認知機能逐漸衰退是因為老化或是不常使用所導致的「廢用症候群」，而「習知的知識技能因後天腦部受損而產生日常生活困難」也是失智症的一種；任何腦部的傷害都有可能引起失智症。另外，「失智症」不是單一項疾病，而是一群症狀的組合（症候群）；例如我們感冒時，會有流鼻水、咳嗽、發燒這些症狀，而這些是感冒所引起的病症。所以失智症也是由於腦部疾病或損傷而引起的不同症狀，以前能做到的事情，失智後做不到了，使生活遇到許多困難。到底是怎樣的腦部疾病，造成了「失智症」呢？

　　引起失智症的因子據說超過一百種以上。讓我們一起來認識具代表性的病因吧！

①阿茲海默氏症

　　阿茲海默症是1906年德國的阿茲海默博士（Alzheimer）發現的疾病，腦部出現了像老人斑一樣的類澱粉斑，導致腦神經細胞脫落或萎縮。據說好發於70歲以上的女性，但也有「早發型阿茲海默氏症」在40～50歲的人身上發生；慢慢地發病是阿茲海默氏症的特徵。從工作記憶力障礙開始、辨識障礙、認知機能障礙全部受到影響，不久後連日常生活都漸漸地無法自理。

②血管性失智症

　　血管性失智症是由於腦血管阻塞、出血，使腦部受到傷害而產生的失智症，這類失智症會有階段性的症狀。「有時健忘症狀很嚴重，有時意識又會突然很清楚」像這類情形就是所謂的「斑點性失智症」，是血管型失智症的特徵。較好發於60～70歲的男性。

③路易氏小體病

　　大腦皮質層裡的神經出現「路易氏小體」這種物質的疾病，失智症症狀出現的同時，身體會向前彎屈呈現小碎步走路或者出現像巴金森氏症手腳顫抖等症狀，看見非常真實的幻覺是它的特徵。

④額顳葉型失智症

　　主要是大腦額葉或顳葉受到傷害，會做出像偷東西這類脫離社會規範的舉動，只走固定的路線、只吃同樣的東西等，固執於單一事件的行為特徵。

(二)失智症的預防～為了能夠及早發現

　　重點：

　　❶理解失智症的症狀。

　　❷早期發現的徵兆。

◆失智症的症狀（中心症狀及周邊症狀）

　　失智症是由於腦部的障礙或疾病直接造成的「中心症狀」，「周邊症狀」則是由中心症狀使身心遭受壓迫產生的。

失智症的中心症狀

- 工作記憶力障礙：記不住新事物
- 辨識障礙：不知道所處的時間、場所、面對的人
- 計畫障礙：無法規劃未來的事情
- 失語：說不出話來，如「這個」、「那個」
- 失行：不能執行複雜的動作，不能穿衣
- 情感障礙：情感控制有困難

> 幾乎失智症患者的症狀皆因腦部障礙引起

失智症的周邊症狀（BPSD）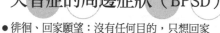

- 徘徊、回家願望：沒有任何目的，只想回家
- 幻覺、幻聽：看到或聽到實際上不存在的人、事、物
- 不眠、日夜顛倒：作息混亂，例如：白天睡覺，晚上醒著
- 被偷、被害妄想：以為找不到的東西被偷了
- 大聲、暴力：容易情緒激動，例如：動怒、興奮
- 憂鬱：對原有興趣的事情興趣缺缺、發呆
- 吃異物：將不該食用的東西放入口中等

> 「周邊症狀」或許會因為照顧的方法和環境而回復

---

①中心症狀

　　罹患失智症後因為腦部障礙而產生的症狀稱為「中心症狀」，常見可觀察到的主要症狀如下：

　　1.短期記憶力障礙：嚴重的健忘，無法想起、記起新的人、事、物。
　　2.辨識障礙：無法辨識當下的人物、時間、場所。
　　3.實行機能障礙：設定計畫、分配工作等規劃的能力消失。
　　4.失語：不容易表達自己的意思，「這個」、「那個」等詞彙變多。
　　5.失行：會漸漸地不知道工具的用法、衣服的穿法等。

②周邊症狀

　　「周邊症狀」和「中心症狀」不同，根據個人條件，會有能觀察到的症狀，也有無法觀察到的症狀，這在專家間被稱為失智症的行為或心理症狀。主要症狀如下：

1.徘徊：沒有目的的四處走動、單獨出門後找不到回家的路。

2.幻覺、幻聽：看到或聽到實際上不存在的人、事、物。

3.不眠、晝夜顛倒：作息混亂，例如：白天睡覺，晚上醒著。

4.妄想東西被偷：實際上自己忘記東西放在哪裡，而稱重要的東西被偷了。

5.異食、過食、拒食：吃不該吃的東西、吃飯過量、不願意吃飯。

◆失智症的早期徵兆

即使科技日新月異的現代化社會，失智症的預防方法或根據依然未明，訓練認知機能的活動在實務上幾乎可說沒有什麼進展；甚至是要專業志工們在社區實施促進認知機能，這可說是無先例可考。但和社區很緊密的居民專業志工，要投入促進認知機能的工作變得更加重要。

失智症多是漸漸地出現症狀，很少是突發的，盡可能在早期注意到失智徵象，並接受專業的診斷及照護。能夠早期介入早期治療，可以減緩失智症的惡化，讓以往的生活能長久較不受影響地繼續下去。

失智症一定會出現某種徵象而且緩慢地進行，但每天接觸的家人「我們的父親他該不會……」、「只是今天情況不好」像這樣逃避現實的人不在少數；結果「等注意到時，已經惡化得很嚴重了」這樣的事情是很常發生的，這裡介紹初期階段可能發現的失智症的徵象：

1.嚴重健忘：重複說、問同樣的事情；不記得約好的事情，電話說好的事情無法實行，無法轉達。

2.外出時：在旅館弄錯房間、在大浴場裡穿錯他人衣服、坐地鐵或公車時下錯站、走習慣的路卻會迷路。

3.金錢管理：存款簿、印鑑已保管好，卻報遺失再申請；同樣的東西會買好幾次；花了錢卻記不住花在哪裡。

4.身邊相關事務：隨時都穿同一件衣服，不想洗澡；不會使用家電用品；忘記關火、關瓦斯；不會整理冰箱裡的東西。

5.意念或情緒變化：變得不想看電視或報紙；疏遠原本有興趣的活動；異常地在意身體狀態不順，且經常埋怨。

特別是「和過去有不太一樣」、「和以往的樣子不同」時要特別注意。

假如發現以上幾點現象時，本人或家屬要避免用自己的判斷介入，請找專業人員晤談，覺得是「年齡的關係」而沒有特別去在意的症狀，實際上是失智症的徵兆，這種例子不可勝數。

(三)「促進認知機能」活動課程的觀點

重點：

❶對輕度認知障礙的理解。
❷瞭解「工作記憶力」、「注意力分配」、「計劃力」等刺激認知機能活化的活動課程。

◆對輕度認知障礙的理解

輕度認知障礙

輕度認知障礙（Mild Cognitive Impairment, MCI）和一般老化衰退有所不同的，「輕度認知障礙」在失智症發病前六、七年就會發作。

· 這個時期（輕度認知障礙）是「工作記憶力」、「注意力分配」、「計劃力」先開始衰退。

· 盡可能地在這時期刺激、活化被認為會衰退的認知機能，以延緩失智症的發生。

失智症的徵兆

1.「嚴重健忘」

- 同樣的事，多次詢問或談到
- 沒有依約前往約定好的地點
- 電話裡約定好的事，沒有實行

2.外出時引起騷動

- 在旅行地點弄錯房間、在大浴室穿錯他人的衣服
- 搭車時搞錯要下車的站
- 明明是習慣的路線卻迷路

3.金錢管理

- 存款簿、印鑑等重要的東西已收好，卻報遺失申請重新補發
- 一天可以花幾萬元，但不知道花在哪？
- 重複購買同樣的東西，或是只買吃的東西
- 付錢時只付大鈔，錢包裡滿是找回的零錢

4.身邊相關事務

- 不論何時皆穿同樣的衣服，不替換
- 常找藉口不洗澡
- 無法使用家電產品，卻說東西故障
- 把鍋子燒了，或是忘了關瓦斯
- 冰箱裡雜亂，腐壞物很多

5.意念或情緒變化

- 變得不看電視或報紙
- 不想參加原本有興趣的活動
- 異常地在意身體狀態的不順，且常常抱怨
- 找不到東西，卻說是被偷了

資料來源：福井、川島、大熊（2006）。

專業志工實施認知機能訓練的活動課程，並不是為了促進認知機能為目的，而是為了減低在社區中的中高齡者失智的危險性，提供被認為對延緩失智症有效果以及有趣味性的活動（例如圍棋、象棋、電腦、烹飪、散步等）。

　　透過以「快樂」為主軸的趣味活動，增加住在社區裡中高齡者的互動交流，並由專業志工協助參加民眾積極地投入活動。在活動中要工作人員負起責任，倒不如幫助參加民眾發現自己在活動中能接受的任務。另外，透過活動更可以觀察參加民眾認知機能的變化，而這就是身為工作人員需要特別注意的重大任務，讓失智者不再被孤立，而且能藉由這樣的照護預防活動來達到社區自力照護的基礎。

　　專業志工執行活動時必須具備有關「輕度認知障礙」的重要知識，「輕度認知障礙」會在失智症發病前六至七年發作，是一種和一般老化不同的認知機能衰退。這時期如果能針對最先衰退的「工作記憶力」、「注意力分配」、「計劃力」等認知機能提供刺激活化，便能夠延緩失智症的發作。

　　藉由與社區緊密相連的照護預防活動，讓健康有活力的中高齡者、失智症前期以及失智症患者共同活動，可以獲得當地居民的支持與協助。

　　近年來，「輕度認知障礙」備受世界注意。研究指出，因健忘而影響日常生活的中高齡者，有30～40％在三年後、有70～80％在五年後被正式診斷為失智症，然而正常老化的中高齡者約只有5～10％在五年後診斷為失智症。美國Ronald Peterson博士將這些因健忘而影響日常生活之中高齡者命名為「輕度認知障礙」，並提倡「早期發現早期治療」。實際上，阿茲海默氏症及輕度認知障礙被認為是失智症最大的主因，但至今仍未能有治癒阿茲海默氏症的藥物，唯「愛憶欣」被認為在輕度認知障礙之初期使用能延緩失智症之惡化，但失智症中、重度時使用愛憶欣，並無助益。故在發現輕度認知障礙時，適當的介入與協助便變得十分重要。

輕度認知障礙的研究才剛開始，許多部分尚未明朗化，照全世界各地研究人員的經驗，對此的研究成果依然沒有定案。

◆「工作記憶力」、「注意力分配」、「計劃力」的刺激活動

①什麼是「工作記憶力」？

　　工作記憶力是短時間裡體驗過的記憶，地點、時間以及當時的情緒等都包含在內。刺激工作記憶力時，以回想當日生活中發生的事，最為有效。例如：寫日記、看相簿或家庭支出帳簿，邊看邊回想過去的事，或找人聽體驗過的事也不錯。

昨天是…　　前天是…

來寫日記吧！

②什麼是「注意力分配」？

　　注意力分配是將注意力分配到許多事情的能力，同時進行多項事務或專心做一件事的同時，再分配去注意其他事情的機能稱為「注意力分配」。

　　例如：家庭主婦在廚房做菜的同時，要整理飯桌還要把需要洗的東西洗好，這就是注意力分配有確實運作的證據。

做料理

③什麼是「計劃力」？

　　計劃力是指考慮工作的先後順序、分配工作的機能。人們在退休以前、上班時經常必須使用到此機能，但一旦退休，計劃力便幾乎不被運用。事實上，在日常生活中，就算只是散步或出門買東西，能事先作規劃的話，效率會提高，而且也能夠繼續運用計劃力。實踐篇中已介紹了幾項能夠刺激工作記憶力、注意力分配、計劃力的活動，但我們可以針對預防輕度認知障礙再更進一步規劃活動及方針，一起來想想看吧！

訂定旅行計劃

◆為了預防失智症～阿茲海默氏症協會的研究結果

預防失智症或者讓失智症延緩發作的活動依據，現在仍處於研究階段。以下介紹美國的阿茲海默氏症協會提高認知機能的十個項目（阿茲海默氏症協會，美國）：

1. 首先是大腦，大腦是最重要的身體器官，重視大腦吧！
2. 健康的腦從心臟開始，心臟病、高血壓、糖尿病、中風這些容易導致阿茲海默氏症的疾病，若是要預防且遠離，每天必須做一些事。
3. 檢查數據，維持良好的體重、血壓、膽固醇、血糖值等的狀態。
4. 大腦的營養供給，少吃脂肪，多攝取抗氧化物。
5. 運動可以幫助血液循環，活化腦細胞。為了使心和身體活性化，從能做的開始，比如一天散步三十分鐘。
6. 大腦運動使您的腦部隨時活躍，例如：讀書、寫字、玩遊戲、學習新事物、玩拼字遊戲等。
7. 與其他人溝通交談，社交活動對預防失智症很好，例如：與人接觸、談話、做專業志工、參加社團和講習會。
8. 保護頭部別讓頭受傷，坐車時一定要繫好安全帶，為了防止跌倒，家中必須好好整理，騎腳踏車時要戴安全帽。
9. 避免不健康的習慣，吸菸、過度飲酒或濫用藥物。
10. 正向思考，從今天開始。

為了守護您的明天，從今天開始做您能做的。

(四)如何與失智者接觸

　　演講的重點：

❶瞭解失智者的情緒。

❷與失智者接觸的方法。

◆失智者的心情～所謂的記憶喪失這件事

　　試想一整天的記憶都不記得時的情形，「那時候，我在做什麼？」、「有沒有給別人帶來麻煩？」想必相當不安。事實上，失智症患者無論何時都處在這樣的狀態裡。

　　電視上曾介紹過一位從失智症恢復過來繼續健康生活的人。「不知道這裡到底是什麼地方」、「跟我講話的人到底是誰都認不出來」，吐露出每天抱著焦躁不安的心情過日子的感受。此時，要想辦法把中斷的記憶連接起來，「我一定是坐電車回到家的」、「丟掉的錢包是被誰拿走的絕對不會錯」——周遭的人會認為是「妄想」或「編造的話」也說不定。請事先理解失智症患者徘徊或是找錢時會拚命的反覆訴說。

　　即使成為失智者，只要能使其安心、沉著地在適當的「環境」中，接受適當的「照護」，用他的方式繼續生活也是有可能的。

　　很遺憾的是，現在的醫學還無法完全預防失智症或將罹患失智症的人完全治療好。我們自己本身也有可能成為失智症患者。失智症患者要繼續過正常的生活，但周圍的人以不恰當的方式對待，對患者會產生非常不好的影響。在這裡介紹與失智者接觸時的注意事項與重點。

◆與失智症患者接觸的方法

　　罹患失智症後，待人處事、記住或回憶新的人事物變得很困難，但人們為了保護自己，用直覺判斷事物以及感情時會變得特別敏感，所以面對失智症患者，說謊話或蒙混作假是嚴格禁止的。

① 心是活著的

其一：重視個人的樣子

✕ ● 罹患失智症，所以什麼都不知道了
　 ● 因為「失智」所以不想理會……

◯ ● 喜怒哀樂、煩惱、希望、自尊不管什麼時候都保持
　 ● 充分瞭解失智者的人生經歷

即使得到失智症，但是心還是豐富的生活著的

　　「想能幫上忙」這種想法即使得到失智症也不會改變，有時候會有人說「得了失智症後，什麼事都不知道了，一定很幸福」，但這是完全的誤解，事實上即使得到失智症，但心依然活著，感受得到快樂、歡喜、悲哀、辛苦的事……

② 發揮所長

其二：團體的力量

✕ ●「奶奶，我來做就好，您慢慢來。」
　 ●「讓她拿菜刀，萬一受傷了怎麼辦？」

◯ ●「讓我們一起來做吧！」
　 ●「婆婆，非常感謝您！」

「想幫得上忙」這種想法，雖然得到失智症也不會改變

罹患失智症以前能做的事，現在即使是小事也變得很困難，洗碗時把碗弄破，掃地時房屋的四角只能畫圓地掃。「婆婆，我來做就好，請您休息」、「危險，所以不能做菜」等，不知不覺中把失智症患者的角色給剝奪走，他的生活立場就沒有了。這些情形在每個失智者的家庭都是很常發生的，這些具體的情節可能忘記了也說不定，但是當時的感情一定還在心裡的深處，一點一點地積蓄著。

　　人不論何時都希望「能幫得上忙」，對大家有用的喜悅是取回自尊心重要的因素。「非常感謝您」、「有您真好」這樣的一句話，可以溫暖失智者的心，並成為他積極生活下去的支持。

③保有現存的能力

其三：重視依然健康的能力

✕ ● 因為得了失智症，所以變成任何事都不會做了
　 ● 做這個訓練失智症會好，婆婆好好加油

○ ● 學習到的記憶仍保持著
　 ● 以現在能做到的再做多一點作為努力的目標

> 人的能力不常使用會漸漸地失去

　　平常沒有意識到我們人類把幾個動作組合做出複雜的行為。例如：在自動售票機前買車票時「決定目的地」→「從車費表中確認票價」→「從錢包拿錢」→「把錢投入售票機中」→「到目的地的金額鈕按下」→「取出車票」等複合的動作，都是在無意識中進行。罹患失智症訂定計畫

及把複雜的動作完成變得不可能，但只要有人在旁提出建議或暗示，或許就能像以前一樣完成這些事情。得到失智症必須讓「還可以做」、「稍微幫忙的話會做」、「稍微努力一下的話就能達成目標」的意識繼續接受挑戰，是為了保有現存的能力。

④環境布置

其四：製造能安心的環境

✗ ● 東西破掉或壞掉了會危險，所以在房間裡不要放太多東西

○ ● 做了很多的場所
 ● 使用習慣的家具、可以回憶的東西
 ● 打造「似曾相識」的環境

> 環境也是照護很重要的一部分。在困難中如魔術般的完成是由於人的力量

不久以前我們都被教導著「失智症患者的房間中，不要放束西比較好」這樣的觀念，只因為把東西弄壞或弄破了會很危險。但是沒有家具的屋子是很寂寞的，我們會想住在那種沒有家的感覺的地方嗎？只會讓心情變壞、心神不定、想到外面去。失智症患者已習慣的家具、令人懷念的物品，放在周圍反而會讓他比較安心安定，把東西弄壞或弄破掉不是因為這東西不好。

⑤接受

其五：明朗的、沉穩的

✕ ●「連這個也不懂嗎？」
　　●「婆婆這麼做才變成這個樣子」

○ ●捨棄完美主義，接受現有的狀態
　　●心中常保幽默感

把心打開，當一個傾聽的人吧！

　　接觸失智症患者時有許多「糟糕了」的突發狀況，請瞭解他本人確實是因為有「困難的事」但無法表達出來，所以藉由某些行為變成拚命訴苦的狀態。首先「接受」是很重要的，再來某些行為的原因，我們以失智者的立場思考「今天的心情呢？」、「剛剛做的事呢？」，一定會有跡可循。

三、實踐篇～預防失智症

　　能確實預防失智症的方法現在仍在研究階段，不過到目前為止的研究中，我們漸漸地瞭解如何延緩失智症的發作以及預防失智症的辦法。讓專業志工帶領參與民眾以互動交流和快樂為目的來實施活動，不僅減少失智症發生的可能，還能使鄰近居民在此聚會，讓中高齡者也能有個居住的好地方。另外，這些有趣的活動，被認為能刺激衰退的認知機能的活動。針對各社區的實際狀況或有關照護預防的活動中，安排工作人員擅長的活動並提供給社區居民。

(一)「促進認知機能」活動課程實施時的注意事項

◆配合使用者的心情，實施活動課程

與其懷疑參加民眾之中是否有失智者，倒不如讓全部的參與民眾同樂在活動中，活動不只是為了訓練認知機能，更是希望透過參與活動課程增加遠離失智症的認知。促進認知機能活動執行時，必須注意參與民眾的心情和回饋，讓大家產生還想再來的念頭，而不能讓參與者感到無趣、不安、有壓力，我們得讓參與民眾在這裡是能感受到安心、安全、安定的。

◆交給專家～當你開始懷疑「是失智症嗎？」的時候……

早期發現失智症交由專家診斷並接受適當的治療和照護是必要的，只要是有「精神科」、「神經內科」、「腦外科」、「老年科」或「老人科」門診的醫院一定有醫療級的影像診斷裝置；是否為失智症、惡化到什麼程度、之後如何進行的問題在接受診斷後就能瞭解。最近有許多醫院增加了「健忘門診」或「記憶診所」等能輕鬆會談的窗口。

如果住家附近沒有那樣的醫院也不知該如何是好的人，可以到有服務台的醫院、鄉鎮市區公所詢問處、健康服務中心或是長期照護中心等單位晤談。醫師或個案管理師會將最近的狀況詳盡且具體地寫下來，是為了作初步的診斷；無論是多厲害的專家，只憑現場診斷觀察就瞭解失智症全部的狀況是完全不可能的。

重要事項！

工作人員與參加民眾頻繁接觸，因此會注意到參加民眾的變化；假如有「是失智症嗎？」的疑問，必須盡可能的在早期將他轉介給專業人員。但是參加者或其家屬將去醫院的事壓下來，甚至不願意承認的狀況也有可能發生。

◆促進認知機能活動課程的項目──實施要點

1.讓活動快樂地進行：參加民眾不要或拒絕參與促進認知機能的活動，而產生壓力時便沒有效果了。所以要盡可能地花心思讓它成為快樂、有趣味的活動。

2.依照參加者來作安排：在此介紹的活動項目只是舉例參考，還是得依照團體的性質、參加者的條件以及活動場域的設置等來安排適宜的活動。

3.活動團體的力量：與其個人進行促進認知機能活動，倒不如有其他參加者或工作人員參與，這時盡可能活用團體的力量來進行活動。

(二)趣味活動

由專業志工們帶領促進認知機能的活動時，也讓社區交誼或居住的場所充滿有趣味性的活動；我們來製造一些讓參與民眾及專業志工們感到快樂而且願意繼續進行的動力，這更是讓專業志工們能發揮自身所長的好機會。

以下的活動是在大阪府中由專業志工們帶領的「街角活動室」（Day House）進行的活動：

1.語言教室（英文、英文會話、韓語等）、朗讀（書寫、讀經、繪本等）、俳句、短歌、書法、詼諧短詩等趣味活動。

2.麻將、圍棋、象棋等遊戲或腦部的訓練遊戲。

3.拼字遊戲等猜謎。

以促進認知機能為目的時，例如：溫泉旅行、逛街、爬山等活動就不只是參加而已，事先調查好路線和交通方式，然後再按照擬好的計畫進行才是重要的。

(三)能評估工作記憶力的活動項目

◆寫寫看過去三天的日記

在過去三天裡吃過的東西、遇到的事情，在邊想邊寫的時候刺激記憶力。寫完之後大家一起發表時快樂的氣氛就會蔓延開來。

◆試著記帳（記寫收支簿）

邊想邊寫買了哪些東西？在哪裡買的？等之類的購物體驗。大家一起發表去了哪間店買了些什麼東西，就會展開很棒的氣氛。

◆做旅行後的相簿

各自或者和大家一起出去旅行或散步時拍下照片，然後邊看這些照片邊想出遊時的經歷，在哪裡做了什麼事，和大家一起貼相簿或做旅行遊記（外出記錄）。

◆大家一同分享二到三天前發生的事

　　三天以內發生的新聞或其他事件（例如活動、聚會）等，大家一起在談話中回憶是能刺激記憶力的。

◆大家分享令人懷念的情節

　　不只是最近的事，參加民眾在孩提、年輕時候的事，也能提出來分享；將有紀念性的相片或紀念品拿出來看的時候，會格外令人高興。

(四)能活化注意力分配的活動項目

◆烹飪

　　會場、工作人員等所有條件構思好後，計畫一些可以實作的菜單，一起做甜點或糕點；活用小瓦斯爐、電磁爐、微波爐等，讓大家輕鬆地一起享受烹飪。

◆猜謎或玩遊戲

在互動中進行猜謎題或分組合作的遊戲，一面聽取其他人的想法和意見的同時，解決一個謎題，這種方式可促進注意力分配。另外，麻將、圍棋、象棋等，男性能抱持興趣的活動也不錯。

◆創作活動

創作是促進注意力分配很好的方式，圖畫、手繪卡片、貼畫等，在不同的場合中提出想法並且進行創作，若是能在其他參與者互相討論協助下完成，會是更好更有意義的活動。

◆嘗試挑戰

　　將計算題或練習題在一定
的時間內儘早完成當作目標來進
行，但這個活動項目會因個人的
喜好而有不同的回饋，可能有些
人不喜歡，如果強迫他們執行只
會得到反效果，所以必須根據參
與民眾每個人的情況，多花些巧
思安排。

(五)能促進計劃力的活動項目

◆製作旅行計畫或外出計畫

　　以團體或個人來規劃二天一夜或當日來回的旅行計畫，先決定目
的地，在目的地要做些什麼？走哪條路線？由大家分工合作、調查、彙
整。

◆製作社區的散步地圖或購物地圖

　　正因為和社區有緊密連結的居民做專業志工，才能提升大家一同參
與活動的意願，大家一起用很大張的紙繪出散步的路線，或實際散步後再
做出地圖都能夠刺激記憶力，這樣的活動會是個讓大家都能快樂參與的計
畫。而購物地圖也是由大家一起思考計畫，利用當日的廣告傳單，想像大
家要去購物，分成幾個小組，訂定要去哪買些什麼東西的計畫。

◆以前大家一起做的令人懷念的玩法或遊戲

參加者都知道的,大家能在一起快樂玩的遊戲像是「蝸牛升學圖」、「打玻璃珠」、「面具」等。實際上「蝸牛升學圖」和「面具」等用手製作的話,是鍛鍊注意力分配和計劃力的綜合活動。

重要事項!

促進認知機能的活動是以預防失智症為目的,重要的是活動本身能使參加的人們快樂,並且發自內心的參與、融入遊戲或活動當中。我們一定要理解活動的結果必須和失智症預防連上關係。盡量用積極正向的力量支持參加的民眾享受活動,將活動中完成的作品拿到展示會展覽。

(六)能夠活用在「促進認知機能」活動課程中的表格範例

◆三天前

回憶並寫下二天前、三天前的生活，您吃了什麼、做了什麼事，邊想邊寫在下面的表中。

日期	吃了什麼東西？	做了什麼事？	天氣？
月　日 （　　）	（早餐） （中餐） （晚餐）		
月　日 （　　）	（早餐） （中餐） （晚餐）		
月　日 （　　）	（早餐） （中餐） （晚餐）		

◆各種時間試驗的挑戰

時間試驗挑戰①

做算術的加法,然後記下所用的時間。

記錄(　　秒。16題正確　　題)　　　　　　　年　　月　　日

	2	4	3	1
3				
4				
1				
2				

〈重要〉同樣的題目(數字排列一樣)所用的時間記錄比較。用各種不同的排列組合。

＊換成乘法做做看

＊數字再加一位數試試看

時間試驗挑戰②

　　做算術的加法，然後記下所用的時間。

記錄（　　秒。49題正確　　題）　　　　　　年　月　日

	2	9	1	6	0	4	5
3							
0							
2							
6							
1							
4							
7							

〈重要〉同樣的題目（數字排列一樣）所用的時間記錄比較。用各種不同的排列組合。

＊數字的排列改變

＊把格子數增加

＊改成乘法做做看

時間試驗挑戰③

魚的名字加〇的符號，然後記下所用的時間。

記錄（　　秒。64題正確　　題）　　　　　　年　月　日

牛	松	秋刀魚	青花魚	貓	鸚哥	香魚	薯
鰹魚	海鷗	馬	沙丁魚	杉	牛蒡	駱駝	地瓜
佳魚	燕子	綿羊	沙拉	鮪	鴨子	象	比目魚
大猩猩	番茄	松樹	鯖魚	狗	鱒魚	烏鴉	鯛魚
青蛙	鮭魚	魚	河馬	鷹	鯉魚	西瓜	檜木
鰤	螞蟻	麒麟	櫻花	鱧魚	蔥	麻雀	鯽魚
柳	西瓜	芒草	鴿子	鯡魚	熊貓	鰆	猴子
鱔	菇	烏鴉	老鼠	鰈魚	梅	豬	海鰻

〈重要〉同樣的表記錄所花的時間比較。

＊做多種變化

＊選擇種類（鳥、蔬菜、樹木、動物）變化一下

時間試驗挑戰④

　　寫出數目的名字，記錄所花的時間。

記錄（　秒）　　　　　　　　年　月　日

〈重要〉同樣種類，同樣格子數記錄所用的時間比較。

　　（繼續挑戰的結果調查看看，會產生想記住的意念）

＊做多種變化

＊魚的名稱、鳥的名稱、水果的名稱、動物的名稱試試

＊格子數增加看看

◆製作外出計畫表的例子

外出計畫記錄表例

主　　題	
時　　間	
訪 問 地	
訪問目的	

	集合地點：
	解散地點：
	交通路線：

費　　用	

內容：

會員名字	

四、「促進認知機能」活動課程的評估

活動課程實施前後評估認知機能，可以判斷實施的活動課程是否恰當。另外，參加者的認知機能是否已衰退到疑似失智症的程度，透過客觀的方法觀察後可以向專業單位提供有幫助的資料。

身為專業志工最好將如何實施認知機能的檢查和評估作為基礎知識，在這裡介紹兩種廣泛使用的認知機能評估方法。長谷川式簡易知能評估表和Five Cognitive Functions認知機能評估法。

但是進行這類的檢查評估時必須由專家進行，不能由專業志工們貿然的操作。

(一)長谷川式簡易知能評估表（HDS-R）

長谷川式簡易知能評估表（HDS-R）是醫療福利機構現場也在使用的規格。有九個題目，以口頭回答。依照回答的結果能回答及不能回答，或是課題式完成或無法完成進行評估。

1.按照各詢問項目用口頭詢問，依照回答可能或不可能在得點欄上加上○的記號。最後把註明○的得點數合計，以合計得點數作為判斷的依據。

2.回答是30分滿分，21分以上非失智症，20分以下是疑似失智症。

3.評估的實施日期、姓名及進行評估的記錄者的姓名等計入表中。

在下頁介紹問答例及評估表。

實施日：2008年3月1日　　**姓名**：王金花　　**記錄者**：李家偉

No	詢問項目	回答	得點
1	今年幾歲？（2年內的誤差算正確） 能回答1點　不能回答0點	86歲	0 ①
2	今天是幾年幾月幾日？星期幾？ （年、月、日、星期正確各得1點）	2004年	⓪ 1
		6月	0 ①
		1日	0 ①
		星期一	0 ①
3	我們現在是在哪裡？ 自發的回答得2點。 等5秒後問：在家嗎？在醫院嗎？在機構裡嗎？ 其中正確的選擇得1點	不知道	⓪ 1　2
4	現在用3句話說說看，等一下還要問，所以好好記住。 （以下系列1個1句請他說，採用得上面加註○） 1. (1)櫻　(2)貓　(3)電車 2. (1)梅　(2)狗　(3)腳踏車	(1)櫻	0 1 ②
		(2)貓	0 1 ②
		(3)電車	0 1 ②
5	從100照順序減7 100減7是多少？ 然後再減7的話是多少？ 詢問　*最初的回答不正確時就中止	93	0 ①
		80	⓪ 1
6	我現在要講的數字，反過來說說看 6-8-2 3-5-2-9 反過來說，說錯3個的話就停止	2-8-6	0 ①
		9-2-5-3	0 ①
7	剛剛請您記住的3句話，請再說一次 （自發的回答正確得2點，不能回答時以下列的字暗示，正確得1點） (1) 植物　(2)動物　(3)車類　計算得點數	(1)櫻	0 1 ②
		(2)貓	0 ① 2
		(3)電車	⓪ 1　2
8	現在請您看5種東西。會把它們蓋住，請回答出來。 （時鐘、鑰匙、香菸、筆、硬幣等沒關係的東西） 5個完全正確得5點，正確的數量作為得點數。	時鐘 鑰匙 不知道	0 1 ② 3 4 5
9	您知道的蔬菜名，盡可能說出來越多越好。 （回答的菜名在右欄寫下，中途停頓的話等10秒，再回答不出來時就中止） 0～5＝0點　6＝1點　7＝2點　8＝3點　9＝4點 10＝5點	西洋菜 紅蘿蔔 胡蘿蔔	0 1 2 ③ 4 5
		合計得點	21點

評估表

實施日： 年 月 日 姓名： 記錄者（ ）

No	詢問項目	回答	得點
1	今年幾歲？（2年內的誤差算正確） 能回答1點 不能回答0點		0 1
2	今天是幾年幾月幾日？星期幾？ （年、月、日、星期正確各得1點）	年	0 1
		月	0 1
		日	0 1
		星期	0 1
3	我們現在是在哪裡？ 自發的回答得2點。 等5秒後問：在家嗎？在醫院嗎？在機構裡嗎？ 其中正確的選擇得1點		0 1 2
4	現在用3句話說說看，等一下還要問，所以好好記住。 （以下系列1個1句請他說，採用得上面加註○） 1. (1)櫻 (2)貓 (3)電車 2. (1)梅 (2)狗 (3)腳踏車	(1)	0 1 2
		(2)	0 1 2
		(3)	0 1 2
5	從100照順序減7 100減7是多少？ 然後再減7的話是多少？ 詢問 *最初的回答不正確時就中止	(93)	0 1
		(86)	0 1
6	我現在要講的數字，反過來說說看 6-8-2 3-5-2-9 反過來說，說錯3個的話就停止	2-8-6	0 1
		9-2-5-3	0 1
7	剛剛請您記住的3句話，請再說一次 （自發的回答正確得2點，不能回答時以下列的字暗 示，正確得1點） (1)植物 (2)動物 (3)車類 計算得點數	(1)	0 1 2
		(2)	0 1 2
		(3)	0 1 2
8	現在請您看5種東西。會把它們蓋住，請回答出來。 （時鐘、鑰匙、香菸、筆、硬幣等沒關係的東西） 5個完全正確得5點，正確的數量作為得點數。		0 1 2 3 4 5
9	您知道的蔬菜名，盡可能說出來越多越好。 （回答的菜名在右欄寫下，中途停頓的話等10秒，再回 答不出來時就中止） 0～5＝0點 6＝1點 7＝2點 8＝3點 9＝4點 10＝5點		0 1 2 3 4 5
		合計得點	

(二)Five-Cog 認知機能檢查

　　Five-Cog是為了輕度認知障礙（MCI）所作的診斷標準。由東京都老人綜合研究所和筑波大學共同開發。透過Five-Cog檢查可以知道對手指的運動機能和記憶、注意、語言、視覺空間認識和思考五個認知機能作測定。

　　現在NOP（非營利組織）失智症預防中心介紹了Five-Cog認知機能的檢查方法，檢查時必要的材料、工具、評估方法等。

　　長谷川式評估表是活用在對失智症的篩檢、Five-Cog是對沒有得失智症的一般中高齡者們認知機能的程度，或是對可能有輕度認知障礙作出評估的認知機能檢查而開發出來的，因此足以作為專業志工們在照護預防活動有效的評估工具。

　　Five-Cog～高齡者專用認知檢測～手冊說明檢測內容如下：

Five-Cog的檢查	腦的認知機能	檢查內容
運動	手的運動	把數字用〇圈住，儘快地圈
位置判斷	注意	上下中文字中書寫的位置是否一致。判斷後用〇註明，同時將數字劃掉
詞語記憶	記憶	記住詞語，然後寫在紙上
時鐘描寫	視覺空間認知	畫好時鐘的外圈，把指出一定時間的時針、分針畫入
想動物名字	語言	盡可能想出多種動物的名稱
共同單字	思考	想想看，哪些是有兩項以上的同義字詞語

　　Five-Cog的檢查，使用專用的Five-Cog的DVD或VHS錄影帶，按照指示進行檢查。

(三)評估「促進認知機能」活動課程時應注意的事項

◆個人目標的設定與評估

　　關於促進認知機能計畫評估的目標並不是要照護參加的民眾，而是為了藉由促進認知機能所實施的快樂活動，以及利用長谷川式評估表或Five cog中的一種，作持續性的定期評估，盡可能早期發現認知機能衰退的居民，並轉介到專業單位，這是促進認知機能計畫的目標之一。

　　評估可以根據各地區的狀況實施，並不是非實施不可，身為專業志工必須確實地將辦得到及辦不到的事分別出來。計畫開始後參加的民眾每個人要設定個人目標，這個人目標是根據每位參加者的狀況及興趣來設定，而且不是每週調整一次，而是在計畫實踐當中隨著進度而更改的。

　　依據設定的目標，每天是否將計畫實踐的內容記錄，最後再回顧個人目標完成了多少？個人目標的記錄和評估，依據參加者的狀況也許有些人會感到困難，這時按照個人的狀況由專業工作人員作彈性的調整。

◆計畫實踐的記錄

　　實際執行的計畫內容、參與民眾反應的紀錄必須每次記錄。特別是參加者每個人的狀況或執行中引起工作人員注意的事，必須將事實寫下作成紀錄。

重要事項！

實施前後的評估是為了能確認促進認知機能活動後的成果，並非由工作人員「評估」是否已罹患失智症，即使得到「20分以下」的分數，也請別做出讓一般人認為20分以下即是失智症這種會被指摘以及拿他人來做比較的事。

這樣的評估結果，只是為了知道參加民眾狀況的一份參考資料而已。

Chapter 7

志工的活動可以避免獨居死亡

　　從中央政府、民間團體到社區都在探討預防獨居老人的對策，但到目前為止都尚未有明確的方法。

　　事實上，社區中的照護活動及戶外的活動都能夠發揮功能，讓我們在推廣照護預防活動的同時，與各地方政府、健康服務中心以及志工們共同合作，積極投入處理獨居死亡的問題。

一、「防止孤獨死亡」活動課程概要

理論篇	本篇主要描述獨居死亡的現況，並說明了獨居死亡在現代社會中是可能會發生於任何人身上或您周遭的人。各地方政府及健康服務中心認為這是一個較為困難的課題。首先，我們應瞭解投入預防對策的重要性。
實踐篇	本篇中說明了行政機關在預防獨居死亡上所扮演的角色，以及在社區執行預防獨居死亡的整體規劃。不論是以參加者或是志工身分投入社區的照護預防活動，皆有助於預防中高齡者的孤獨與孤立。此外，本篇亦提供了規劃以照護預防為核心的預防獨居死亡的重點。
專門機構篇	於社區實施預防獨居死亡的計畫時，應建立以健康服務中心為主軸，並聯繫其他機構，建構預防獨居死亡的網絡。本篇歸納了專家們如何協助不出門的中高齡者預防獨居的重點。

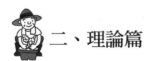

二、理論篇

　　在日本，率先投入預防獨居死亡計畫的是千葉縣松戶市的「零獨居死亡作戰計畫」。雖然越來越多人聽過「獨居死亡」，但到底什麼叫做獨居死亡，要如何瞭解以及如何預防呢？這些問題截至目前為止，尚未有完整的參考書籍。

(一)日本高齡化社會存在的課題
　～瞭解獨居老人，以及獨居死亡增加的現況～

◆獨居死亡是切身的問題，每個人都有可能發生

　　隨著高齡化社會的來臨，不同於以往的社會問題逐漸產生，且逐年增加。高齡者人口數漸多，死亡人數亦漸增。西元2003年，日本高齡者死亡人數為101萬人，預測到了2029年將突破160萬人，可以說是到了多死亡的社會時代。由於自殺、輕生等社會問題，2006年10月開始實施自殺對策基本法；2007年日本厚生勞働省舉辦「高齡者們一個人也能安心生活的社區之推動會議」，其目標為「零獨居死亡」。

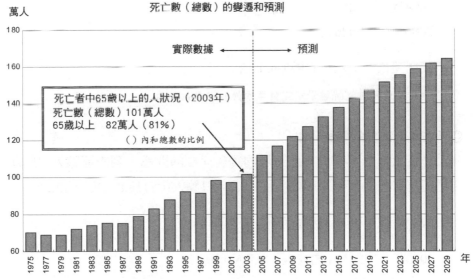

死亡數（總數）的變遷和預測

萬人

實際數據 ← → 預測

死亡者中65歲以上的人狀況（2003年）
死亡數（總數）101萬人
65歲以上　82萬人（81%）
（　）內和總數的比例

資料：截至2003年為止，厚生勞働省「人口動態統計」，而65歲以上的人是2005年以後的推算是國立社會保障、人口問題研究所「將來推算人口」。

那麼獨居死亡的實際狀況又是什麼呢？

日本國內獨居死亡的實際數目並沒有公開發表過。而根據大阪大學黑木准教授對大阪的實際調查結果，2006年的獨居死亡人數為1,529人，相較於十六年前，增加4.06倍。日本並沒有全國獨居死亡的統計資料，因此不能一概而論，獨居死亡很有可能成為未來社會相當嚴重的問題，這種說法一點也不為過。

◎大阪的獨居死亡的實際狀況

1990年　　377人（含政令、中核市）

1997年　　756人

2001年　　1,060人

2004年　　1,266人

2006年　　1,526人

獨居死亡在十六年內增加4.06倍

（大阪大學研究院醫學研究科黑木尚長准教授調查）

◎堺市泉北新城的獨居死亡

位於大阪府堺市的泉北新城的獨居死亡的問題，羽衣國際大學的研究小組調查結果發現，65歲以上的人口每1萬人中有18.8人獨居死亡。

泉北新城中因無人照顧而死亡的獨居居民：

2003年　　25人（男18人、女7人）

2004年　　38人（男24人、女14人）

2005年　　47人（男31人、女16人）

泉北新城是在1967年開街成立，2006年9月約有143,000人居住。其中65歲以上人口（6月底）約25,000人。

（羽衣國際大學的研究小組調查結果）

◎UR都市機構的獨居死亡

　　UR都市機構發表由UR都市機構管理的住宅中發生的獨居死亡件數。由此可以看出65歲以上人口中獨居死亡的人數逐年增加，且未滿65歲獨居者的死亡人數亦逐漸明顯化。

　　1999年　　207件（65歲以上94件，45%）
　　2000年　　235件（65歲以上123件，52%）
　　2001年　　248件（65歲以上135件，54%）
　　2002年　　291件（65歲以上156件，54%）
　　2003年　　318件（65歲以上190件，60%）
　　2004年　　409件（65歲以上250件，61%）
　　2005年　　458件（65歲以上299件，65%）
　　2006年　　517件（65歲以上326件，63%）

　　孤獨死亡並沒有全國的資料，因此不能一概而論。但是說孤獨死亡已很快的成為切身的問題也不為過。

◆少出門的高齡者～探索獨居死亡急增的原因～

　　看過前面的研究數據之後，讓我們能大略瞭解獨居死亡的現況。但為什麼會產生獨居死亡呢？高齡者人口數占總人口14%以上時即稱為高齡社會。高齡者雖然很多，但因為彼此並不相識，求助信號無法相互傳遞，此為獨居死亡的案例逐年增加的原因之一。在大阪的統計資料中顯示，有高齡者的家庭中，29.8%為一人獨居，30.6%為高齡者夫妻一起生活。由於住宅以及生活型態的改變，獨居家庭有增加的趨勢，故獨居死亡增加是可被預知的。

◎在大阪有高齡者的家庭（1,142,131個）

與家屬同居
451,566家
庭
39.6%

單獨家庭
340,910家
庭
29.8%

只有夫婦家庭
349,655家庭
30.6%

　　另外，不外出、過著被社會孤立生活的中高齡者也不少。2004年日本大阪府在羽曳野市和富田林市調查的結果顯示，中高齡者外出頻率一週僅一次的比率上升到7%，原因可能與身體狀況惡化、居家環境欠佳或沒有可以協助移動的輔具等有關。另外，在2007年高齡者社會白皮書中，不與鄰居互動者，男女平均為11.2%；男性獨居者上升到24.3%。

(二)什麼是獨居死亡？
～要理解不是「死」的問題，而是「生」的問題～

◆獨居死亡的定義

　　表示獨居死亡的詞彙有許多，如獨居死亡、孤獨死、孤老死、獨居死等，以上皆可表示同一現象，唯文字本身的意味有些微的不同。厚生勞働省使用「孤獨死」這個詞彙，而2007年，年度舉辦「建立高齡者一個人能安心生活的社區推動會議」，其目標為零孤獨死，該報告書中亦無明確定義「孤獨死」。前面提到的黑木准教授的定義是「於住宅中因病死亡，被以異常死亡通報警察局之70歲以上獨居高齡者」。另外，UR都市機構的定義為「單身居住的租屋者因病死亡或非正常事故死亡」。本書中

為避免獨居死亡或孤獨死的爭議，以一般使用的「獨居死亡」來表示。

◆獨居死亡沒有「死」

嚴格說來，獨居死亡並不是死亡的原因，而是死亡的情況。獨居死亡的死因多為生活習慣而引起的心臟病或腦血管障礙（腦中風），且已罹患高血壓或心臟病患者占多數。以下為調查獨居死亡的死因及比率：

獨居死亡的人通常因疾病而死亡

1.心臟病	61%	
2.腦血管障礙（腦中風）	9%	
3.消化器官疾病	6%	（由生活習慣引起較多）
4.感染病	6%	
5.呼吸器官疾病	5%	
6.癌病	5%	
7.血管系統疾病	2%	

已有病例者的比例

缺血性心臟病	77%
高血壓	76%
其他的心臟病	73%
泌尿器官疾病	76%

（大阪大學研究院醫學研究科黑木尚長准教授調查）

◆如何掌握獨居死亡

雖然預防獨居死亡是重要的事，但這並非執政者的責任，死亡原本就是人生必經的過程，無論用什麼方法迎接死亡，那都是無法避免的。死

亡的原因各有不同，政府或健康服務中心若能適當的介入措施，可以達到預防死亡的效果。例如：針對腦中風或心肌梗塞執行預防措施時，便可以預防突然發作的情形。某些罹患高血壓、糖尿病，或是曾經腦中風、心肌梗塞等疾病而未接受治療的獨居者，他們心中可能已出現「放棄」的想法，這就算是一種緩慢死亡的開始了。事實上，社區中有許多中高齡者可以說是「獨居死亡的預備部隊」，即使如此我們也不應讓他們就這樣自生自滅，而是要想出辦法來解決現況。

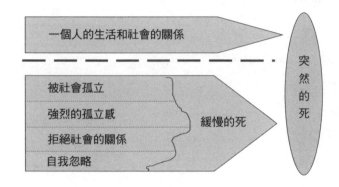

此活動並非透過志工來防止突然死亡，而是由「改變生活方式」來預防獨居死亡，透過配合各個中高齡者的生活方式作適當的改變計畫。

◆獨居死亡高風險者的生活方式

目前並沒有詳細的資料可以說明哪些人才是獨居死亡高風險的人，想一想有沒有可能是某些看似漠然、獨居、鮮少與人互動或是不出門的人呢？ 在進一步瞭解預防獨居死亡之計畫時，我們可以想想哪些人是屬於高風險的族群，下面列舉各項層面以及因子可能造成高風險的原因：

①家庭層面
- 一個人生活
- 高齡者夫婦家庭
- 高齡親子家庭

· 高齡兄弟家庭

· 白天獨居

②身體層面

· 生病

· 罹患失智症

· 生活無法自理

③心理層面

· 不想與外界接觸

· 認為自己不需要朋友

· 放棄自我

· 不想被人知道自己的現況

· 從失敗經驗裡絕望並想放棄一切

④生活層面（包含經濟困難）

· 無可奈何的放棄

· 不知避免高風險的方法

· 知道避免的方法，但不使用

· 不接受能避免的方法

· 已經知道面臨終點，還是放棄

事實上，以上各層面的因子中，雖然某些人符合上述某幾個層面的因子，但仍然能一個人生活。因為每個人的生活方式及思考方式不同，故某些中高齡者雖然生活方式類似，但其危險度卻不盡相同。故透過專家的協助，我們能決定高危險性中高齡者可能獨居死亡的原因以及解決辦法的措施。

◆志工能協助中高齡者生活自理

　　獨居死亡是社區居民共同的議題，也需藉由社區居民互相團結、互相支援，才能減少獨居死亡的發生。照護預防活動的主要理念有「避免提早臥床」、「避免失智症」的明確目標和計畫，因此若每個人有共識並且能重視，如此一來就能產生一股動力讓大家共同執行。即使是沒有興趣參加社區活動或長者社團等的人，如果能有「不想獨居死亡」的想法，也許能夠提高參與社區活動的意願。不幸的死亡原因來自不佳的生活方式，不幸的狀態可以透過志工活動來進行改變。照護預防活動不只是對照護預防有幫助，同時是在培養活下去的能力。

三、實踐篇

　　為了預防獨居死亡，政府、健康服務中心、照護保險業者、志工等應與各種社會資源合作來分擔責任。實踐篇是以政府及健康服務中心推動預防獨居死亡計畫作為核心，連結地區志工們共同執行。

(一)行政機關在預防獨居死亡上所扮演的角色

　　政府要推行預防獨居死亡之計畫時，必須克服各種障礙，常見的五個障礙如下：

◆個人資訊的障礙

　　預防獨居死亡首先必須要有中高齡者獨居的現況，政府按照個人資訊保護條例，在資訊的收集、保存和提供都受到嚴格的限制（個人資訊保護法的限制）。

1.保有的限制：保有個人資訊時，一定要明確表示其目的。另外，為了達成利用目的，不能超過某些制定的範圍，否則不能保有個人資訊。

2.說明使用目的：直接用書面獲得個人資訊時，原則上必須清楚表明使用目的。

3.使用及提供的限制：原則上要保有使用目的以外之個人資訊時，不能使用。

4.確保正當性：為了達成使用範圍內保有的個人資訊，必須取得過去及現在一致的事實。

5.安全確保的措施：為了防止保有個人資訊的洩漏，必須說明必要的措施。

6.從事者的義務：因有關業務得知的個人資訊內容，不得任意地告知他人或作不當目的的利用，

但是個人資訊保護法的第1條是「考慮個人資訊的可用性，保護個人的權利利益為目的」。有鑑於此目的，預防獨居死亡是保護個人的利益，政府需要深入的探討。在內閣府（行政院）保護個人資訊的網頁裡，也刊載各種疑問和看法。

另外，預防獨居死亡在法律中尚未規定，因獨居死亡的定義或政府的任務、責任都還不明確，而還在猶豫實施對策的政府還有很多。個人資訊保護審查會的附議或預防獨居死亡條例的制定（在千葉市被否決）等也放入視野中，以便解決有關個人資訊的障礙。政府地區全體和校區裡的個人資訊處理規定和健康服務中心共有資訊的規則需要確立，必須要讓社區照護的志工們得到資訊成為可能。

◆行政和志工的障礙～分工合作～

行政機關和志工的合作是預防獨居死亡的必要條件，許多政府的分工合作還沒達到成熟的階段。預防獨居死亡計畫要賦予很高的責任，為了防止政府把責任全部丟給志工或者志工過度依賴政府這種現象，必須制定分工合作的規則。雖然志工全體是民生委員，規則的制定仍然是必要的。

◆照護和被照護者的障礙

在參加照護活動的志工們中，除了有彼此互助合作的觀念之外，常常會認為一方在照顧另一方。預防獨居死亡不是為了防止死，而是把對方的自理能力引導出來的活動；更重要的是要透過照顧者和被照顧者之間不會產生任何障礙的方式等徹底實施。

◆高齡者本身的障礙

許多生活困難的中高齡者，避免或拒絕社會關懷的情形是常見的。志工們也有無法對應的人，因此推動以政府為主體的事業、志工服務的活動也必須詳細規範。如此還有困難的話，就得由政府或健康服務中心的工作人員彈性的投入。

◆政府有關單位的聯繫與配套措施

當然，預防獨居死亡也是需要和政府及有關單位聯繫。如建立預防獨居死亡的制度、志工們的進修、個人資訊的管理、服務的方案、災害時的配套措施等等由相關政府部門負責計劃與執行，同時設置獨居死亡的緊急對應窗口和消防、警察人員的聯絡制度等，這些都必須在事前充分的分工。

(二)建立預防獨居死亡的制度

對於預防孤獨，各縣市政府、健康服務中心以及小學校單位的制度必須建立。但是政府或者健康服務中心的工作人員，很少有處理獨居死亡現場這方面的經驗，因此在訂定制度時難以掌握其中的要點。

◆減少獨居死亡的方法

要建立預防獨居死亡的制度時，資訊顯得格外的重要。首先要掌握資訊、彙整、分析後，再規劃對應的計畫。

①第一階段──建立高風險個案資料庫

社區的情況，社區居民一定最清楚。獨居者與外界幾乎沒有接觸，這種情形下必須建立獨居死亡高風險的個案資料庫，以及通過自治會的負責人員或民生委員在相關單位收集資訊的機制。更重要的是，這個制度必須從負責人手中，找出高風險族群，並將這些資訊加入照護計畫中心。

②第二階段──資訊的彙整和整理的計畫

將已蒐集完整的資訊彙整、分析後，思考個案合適的計畫是必要的。因個案狀況不同，必須要有醫師、公衛護理師、個案管理專員、照護負責人等專業人員和社區民生委員及志工們的共同參加。資訊提供者所提供的資訊和健康服務中心訪問調查得到的資訊彙整後，才能找出對應方法。

③第三階段──避免長者成為高風險族群

在高風險的中高齡長者當中，接受照護保險服務或接受醫療機構服務的人有很多，自己不能負擔費用的人或不知道如何利用資源的人也很多，實際上也有許多需照顧但是仍未受到服務的人，因此建立服務機構的聯繫途徑是非常重要的。

○○台Ａ棟Ｂ室	的
Ｃ	先生
77	歲，在這住宅
2	年前
一個人	從
臨近市	搬過來
現在一個人	居住
	的家族在
	地方居住
	次來訪問
在附近沒有朋友	所以
自治會的班長	被任命
會費的收集或宣傳單分配	發揮真本事
每天下午	起床
用車	外出買東西吃
第二天早上5點	為止
看電視	過日子
健康是沒問題的	樣子
沒有看過醫生	的樣子
照顧保險等	沒有接受服務
被勸告裝置緊急通報裝置但沒有裝，自己獨立	的過日子
大概6月3日	開始
市的宣傳報紙不能分配	感到異常的變化
沒有看到人影	因而注意到
聽說在6日一天中把自治會費拿到集會所並把宣傳資料帶回	
6月8日	時
董事的M先生	聯絡
會長的太太	打電話到各處最後
119的電話	通報、救護車、警察都來、發現遺體

◎掌握立即情報，預防孤獨死亡的對應重點

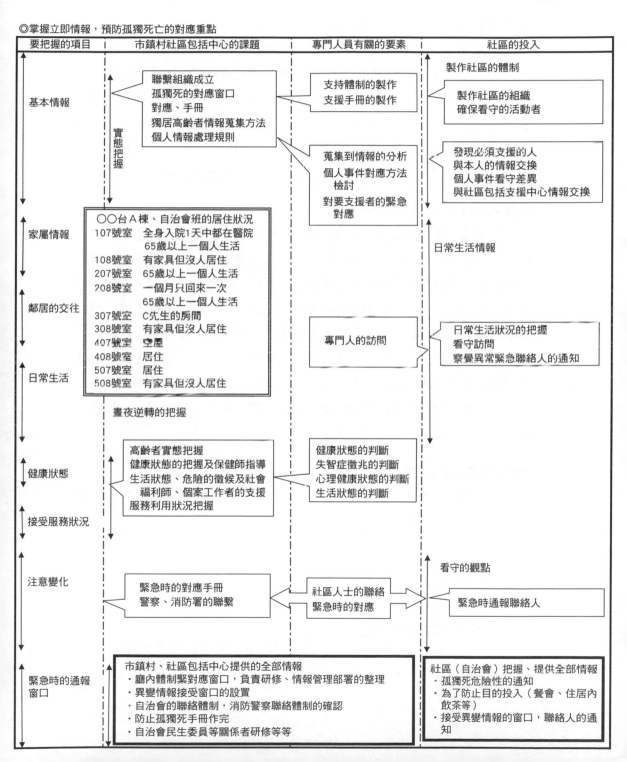

④第四階段──專門機構的介入和措施

2006年大阪府實施調查結果，可以發現不少的獨居中高齡長者患有失智症和疑似有精神方面的疾病，也發現不少長者即使生活自理能力差依然拒絕接受服務的人也不少。目前的現況是政府不得不積極介入和家屬商量為前提的診察或遷入設施內居住，對於無依無靠的老人，牽涉到老人福利法「不得不處理」的實施，需要有前觀介入的規則。大阪府在2004年根據老人福利法製作了健康指導手冊，但是制度尚未被充分活用。

⑤第五階段──緊急對應的方法

如果鄰居是獨居的話，通常不少人都會抱持著「他若死在家中沒人知道，該怎麼辦」的想法。曾經發生一件獨居老婆婆深夜中從床上跌落在床和牆壁的空隙裡，幸好被人發現的早，最後平安無事的收場，假如當時發現太晚的話，有可能會直接導致獨居死亡的發生。遇到這種事情，絕大多數的人都不知道該如何處理及該聯絡哪個相關單位。在獨居死亡實際的例子中也發生過，因曾經有人發現獨居者疑似死在家中，卻不知該聯絡哪個單位，最後警察和消防隊趕到現場，進入屋子裡後發現獨居者已死在家中。因此社區有必要推廣緊急對應的責任，讓居民有正確的觀念以及處理的能力。

⑥聯繫途徑的設置方法

從發現到如何建立緊急對應方法，需要根據各社區的情況而有所不同，但可以參考如下：

1.相關單位：
  (1)政府的老人福利課。
  (2)健康服務中心。
  (3)在宅照顧支援中心。

2.專業人員：

  (1)專業機構：照護保險業者、居家照護支援中心、保健所。

  (2)專業人員：社區社會工作者、醫師、保健師、個案工作者。

  (3)志工：民生委員、學校福利委員、自治會負責人、街上日托
     所、老人社團等。

  (4)緊急對應機關：警察、消防隊。

社區的發現、預見、照料制度的充實

➡ 居民活動專家的合作

當事者意識

任務分組　重複的

照護的工作網

制度

為了預防獨居死亡

志工

專門人員　適當的結合

晤談活動的工作網

推廣活動

發現、預見
機能

CSW

包括社區中心

行政機關

成為核心的機構

居民組織

社區福利 NPO

◆明確劃分避免危險途徑的任務

    在建立流程時，各個關係者或機構要如何分擔任務是非常重要的。
在最初的階段與政府、健康服務中心、照護保險業者、民生委員、自治會
等決定各自分擔的任務和合作方法。

①政府

　　政府扮演了預防獨居死亡制度的主要角色，必須負責獨居者資訊的蒐集、整理、召開個案檢討會議等，並且聯絡專業人員、政府內小學校區單位社區的制度整理、建立政府合作的制度。

②健康服務中心

　　小學校區單位社區制度的整理，掌握中高齡者實際狀況及蒐集資訊，並且與志工和政府聯繫，安排志工活動以及專業人員的協助，並且針對專家提出的高風險者給予個別協助等。

③志工

　　志工蒐集中高齡者的資訊，並且聯絡健康服務中心，在執行照護預防活動以及照顧高危險者時，也能協助社區民眾如何緊急對應工作等。

(三)製作預防獨居死亡手冊

　　建立制度的目標達成後，由政府負責執行，以及配合健康服務中心及志工的意見，不斷修正並且改進。在本書中記載了一般可以想到的事項，在社區裡因為有獨自的工作網或活動團體，可以善加運用。

◆第一階段──瞭解獨居死亡的現況

　　健康的人常常認為獨居死亡離自己還很遙遠，在民生委員或自治會的負責人調查後意外地發現很多人有遇過獨居死亡的經驗。2007年，在大阪府H市舉行對照護中高齡者工作網推動小組的組員進行調查，結果152人中有33人實際遇過獨居死亡的經驗。另外在京都的報紙中報導過，在2008年厚生勞働省調查在京都府和滋賀縣全部52個政府單位中，有建立獨居死亡人數資料的政府單位增加到47個。

◆第二階段──向民眾推廣「預防獨居死亡」的觀念

　　讓社區民眾知道政府已經建立了預防獨居死亡的系統，也讓大家知道，社區裡有民生委員們或自治會的負責人們在進行照護活動及蒐集獨居死亡高風險者的資料。社區應該舉辦各種活動，可以讓每個人逐漸地參與並協助活動進行。另外，讓民眾知道健康服務中心是社區的中心，是蒐集社區中第一線的資訊。

　　大阪府H市T校區福利委員會中，民生委員到中齡者住家訪問：

　　1.確認是否平安的訪問活動及交流活動。

　　2.以照護開始的晤談與對應。

　　3.說明由獨居死亡或疾病發生救護運輸的中高齡者高達4.5%。

　　4.發生災害時，弱勢者選擇避難場所的說明。

　　進行以上的步驟後，透過生活狀況的案例，將需要照護的人篩選出來。

　　由政府的宣導讓社區民眾知道預防獨居死亡制度的結構，同時進行按戶訪問的話，所做的工作可以一舉強化。

　　下表把是H市T校區福利委員會的問卷簡化後的內容

㊙

獨居高齡者　後期高齡者　徵詢意見表

民生
委員

姓名	出生年月日		住所	電話	
職業	一人生活期間		1年未滿……10年以上		
家屬	姓名	住所	電話		親屬關係
有來往者	姓名	住所	電話		來往關係

健康狀態	有病
健康保險	看病的醫院
身心障礙者手冊	利用設施
照護保險、照護認定	負責照顧經理　　利用的服務
有無健康服務中心或衛生所的訪問指導	

一個人不能生活時　希望被誰照顧
主要日常生活中晤談、交流的對手
有關的飲食
有關的運動
有關的頭腦訓練

住宅狀況　　收入狀況
擔心或煩惱的特別事項
民生委員的意見

◆第三階段──高齡者應避免危險

當我們提到參與預防獨居死亡時，一定要清楚主要負責照顧者是誰，並建立危機處理的機制，避免獨居者發生危險時沒人知道。為了這個目的，社區中的工作網活動、街頭活動室、老人社團活動等非常有效，但實際上會拒絕參與活動的多半是「活動不好玩」、「大都是女生，不好意思去」、「都是不熟悉的人所以沒意願參與」等等的理由。男性的高齡者有很多人會拘泥於參與活動的意義或自己的角色和任務，因為沒有被「很快樂所以請你來」如此邀約而來參加的人，所以要坦白地讓大家知道獨居死亡的悲慘及家屬的悲傷程度，不是像「來賓」似的參加，而是要負責一定的任務，到人生的最後仍然是支持的一員，這種號召社區民眾參加的社區活動非常重要。

像這樣參加政府或健康服務中心的照護預防活動及號召避免獨居死亡的活動，對男性中高齡者而言也是容易接受的。另外，被照護的人要有發出資訊的意識，也是很重要的事。

H市T校區福利委員會，把下列的緊急聯絡名單貼在冰箱的門上，有事的時候就可以馬上用得到。

T校區福利委員會

緊急通報公告板（救助名單）

姓名	住所	電話
親屬關係		

社區福利關係		
（區長、民生委員、支援照顧晤談員、社會福利協議會）		
	姓名　　　　　住所　　　　　電話	
親密鄰居	姓名　　　　　住所　　　　　電話	
朋友	姓名　　　　　住所　　　　　電話	

醫院、診所	姓名	住所	電話
照護設施	姓名	住所	電話
照護負責人	姓名	住所	電話

◆第四階段──照護活動的內容整理

　　預防獨居死亡的活動受到民生委員會、自治會、老人社團、小社區工作網等在社區民眾踴躍投入而受到支持。但是其中的內容則是隨著各個團體或團隊來建立的打招呼或照護的訪問活動。

這些活動達成了預防獨居死亡的重要任務，隨著社區的不同，活動的內容有不完全相同的情形，或許因為核心人物或團體的意識、力量的關係。作為志工活動，會做到負擔沉重或是只做到正確而有精神地過日子就可以，工作內容不盡相同。

　　照護活動的次數或內容（必須見到面、談過話、瞭解健康狀態）、健康服務中心的合作等須訂定規則，這種志工活動必須讓它成為長期持續的活動。為了這個原因，政府和健康服務中心應有必要把志工團隊以及照護活動的內容重新改進一下。

　　改進的重點：

1.照護次數的改進：
　(1)清楚知道是否真正需要照護的服務。
　(2)訪問次數（一週一次或兩週一次）交給專門人員決定。專門人員的訪問也可以訂定為一個月一次的頻率，以能把握到變化的狀況為原則。

2.訪問時的注意重點：
　・能觀察到臉色和談話內容是否正常。
　・能蒐集到生活狀態。

3.與健康服務中心的合作：
　・兩週或三週一次的程度，向健康服務中心報告訪問狀況。
　・定期的開個案會議、檢討外出機會等。
　・訪問記錄盡可能全市統一製作。

　　下面的表是H市T校區福利委員會所做好的名簿。

○○鎮　獨居高齡者名簿

①	姓名	住所	電話	②	③	④	⑤	⑥	⑦	⑧	⑨	⑩	⑪
U	大阪太郎	3-46	……	M	●	緊	Q	安	2W	照1	所	院	避

①民生委員的名字（記入名字前1字母）
②男女之別
③同校區內有無家屬居住
④有無緊急通報裝置
⑤緊急聯絡名單有否貼在冰箱門上
⑥是否加入社區協會安心制度
⑦照護間隔（1次以上/週）1W
　　　　　（1次以上/2週）2W
　　　　　（1次以上/月）1M
⑧認定是否需要照護（要支援）支1
⑨進入照護設施內
⑩醫院的入院
⑪災害時勸導進入弱勢者避難所

⑦的看守間隔標準
1W沒有家屬聯絡的人，日常生活確實困難或者要照顧3～5以上的人
2W健康者或要支援（1）～要照顧（2）的人，或者生病日常生活稍微困難者
1M健康者在同校區附近有家屬居住，後期中高齡者家庭

(四)手冊的實踐①～掌握中高齡者的實際狀況

若能建立制度和手冊，就可以掌握社區內有潛在危險的中高齡者的實際狀況。在健康服務中心設置以前，在家照顧支援中心的業務，是把掌握實際狀況列為中心的重要業務，但實際上並沒有做到十分的完善。2006年大阪府和A市共同把A市的一個健康服務中心以全部中高齡者為對象作調查，結果發現了一些到現在為止尚未被人知道的生活實況。

調查結果中，上升為第一特徵的，竟然是不知道居民數的多寡。也許只是A市的情況，登記在居民簿的中高齡者實際上並沒有居住，掛了別人的門牌的房子，甚至連房屋都不在變成建地的情形也隨處可見。第二特徵是從郵政回覆之答案中抽出高危險度和沒有回答郵件及沒有利用照護保險服務的人，委託專門人員（公衛護士）實施訪問調查結果，即發現了立刻需要支援的人，如懷疑有精神病、酒精中毒、失智症、巴金森氏症的人或懷疑患了某種疾病的人。第三個特徵是高血壓、糖尿病的人數跟想像中的差不多，但是心肌梗塞、腦梗塞、憂鬱症的病人卻發現了更多。第四個特徵是接受訪問調查的人大多數都知道健康服務中心並且有在進行綜合會談，但是卻不知道有照護保險制度以及本市的福利服務。另外的效果是，在這個社區藉著調查的機會來健康服務中心會談的人數有增加情形。調查的內容需要考慮到社區的實際情形，這個時候必須和專門人員交換意見，尤其是醫療面、心理等的課題是要花心思去發現的。

◆調查內容的重點

1. 為了使全戶調查的回答率上升，調查是採用郵寄的方式進行。而回收的工作則得到自治會等的協助，故能做到訪問回收的部分。
2. 仔細斟酌能透過全戶調查來判斷危險程度的調查項目。
3. 針對危險度高或沒有得到回覆郵件的人做戶別的訪問，在開始時就需要預期能做到聽取調查的目的。

4.在訪問調查中，公衛護士等專門人員也能參與對應。

◆主要的調查項目

1.苦惱的事、擔心的事。

2.家屬的狀況。

3.過去的病史、入院情形、現在的身體狀況。

4.外出或與鄰居聯絡的狀況。

5.最近的生活中有無改變的現象。

6.緊急時能聯絡到的人。

7.照護保險行政服務的利用狀況。

8.對獨居死亡的不安。

◆訪問調查時專門人員的事前作業

要進行訪問調查時，調查員必須清楚瞭解獨居死亡。事前的作業可以歸納為下列幾點：

①由生活狀態引起孤立，心理因素比較少

在社會上孤立並不一定要即時的支援。形成孤立的原因，可能由身體狀態惡化、住宅結構或外出時沒有移動的方法等以四周的環境為主要的原因。獨居或老人們互相照顧但附近沒有可以聯絡的人、本來就缺乏動力的人、生活和飲食的方式等，每個人各有差異，環境為主要形成孤立的原因，雖然照樣能自力生活下去的人還是很多，但假如身體狀態急速惡化時所形成獨居死亡的危險就升高。

②心理因素造成的孤立狀態

同樣是孤立狀態，由環境或生活上造成的原因比較少，有不想讓人知道的問題、有家庭或個人的原因或者是由於年齡的增長，形成各種不同喪失的體驗或擁有複雜生活背景的人。這些人對於第三者的介入多抱著拒

絕的態度,因此需要考慮對許多生活上的課題強有力的支援方法。

③精神疾病、失智症

獨居且罹患了精神疾病或失智症的人,直到今天都可能還是被社會大眾所忽略。但現在是可以選擇福利措施服務的時代,不得不考慮制度轉變時所忽略沒有被服務照顧到的中高齡者。

④高齡者生活的方式,常常改變

從有孩子的家庭變成夫婦家庭然後成為一個人獨居,在家庭狀態改變的同時,中高齡者的生活方式也隨著改變。

配合家庭的變化自己能獲得必要的生活方式時,可能使獨居死亡的危險性變低,但是實際上的問題是,當年齡增長後還要改變生活方式是非常困難的。訪問調查目的是要深入理解同時能掌握住高齡者的改變情形,且雖然有相似的生活方式,但現在的生活方式會因為隨著家庭的變化而出現了巨大的改變,或是其實並沒有多大的差別變化。

(五)手冊的實踐②～同時考慮和志工的社區活動

預防獨居死亡的社區活動,概括性的分為兩大類:(1)招呼活動,照護訪問等由志工向外進行的活動和照護預防活動;(2)聯誼會活動,一般要人參加的活動。

在社區中這兩種活動同時推行時,早晚會產生和需要支援的人接觸的途徑,同時讓對方認識有這種途徑也是很重要的。兩種活動在反覆進行中,於社區中彼此認識導致交友圈擴大,發揮抑制獨居死亡的效果,繼續進行時,能好好掌握個人的變化,在資訊的累積下,能夠預先發現危險的工作也變成是可能的。這些活動是到現在為止的社區活動中再加上「預防獨居死亡」的觀念,能和早期發現、早期處置發生關聯。另外透過一定的學習知道導致獨居死亡的危險信號,也使要求專門人員的協助和必要性服

務連結變成可能。

照護者？或被照護者？

在社區中要幫助人的人被認為照護的意識很強，但是也有照護者成為獨居死亡的例子。

在9-307表中被舉例出來的人，在70歲左右時獨居。成了自治會的班長，任務也親自執行。雖然一人獨居但卻自立自主，維持社會的生活，卻突然發病而急速死亡。同班的人因見不到面而起懷疑，但是因為是訪問者沒有和任何人商量，死亡一星期後，大家感到不對勁，聯絡警察和消防隊，進入屋內才發現遺體。

這個例子是把現在的社區活動區分為照護者和被照護者，照護者獨居死亡時是很悲慘的，訪問並不是理所當然的事情，若想將其能轉變成支持與合作的活動，必須和志工一起好好思考。

 ## 四、專門機構篇

對於預防獨居死亡，專門人員的任務是非常重要的。以健康服務中心為核心和有關機關協助制度的建立，並且作為工作網絡化後日常生活的中心。這種任務是被大家所期待的，對疾病的專門知識或服務機構的專門人員而言，外出服務的機會非常的多。另外，照護保險事業單位的照護負責人或工作者，因為對社區的資訊非常瞭解，而主任照護負責人則使其關心於蒐集資訊的工作。

(一)專門機構的任務避免緊急事態

中高齡者很多都已經患病但卻沒有去醫院看病；以保健指導為基礎，對獨居但是在附近有住熟人卻過著自立生活的人，租借緊急通報裝置

或做附近的照護訪問。對附近沒有認識的人，則介紹照護保險服務、有生存意義的場所或小社區聯誼活動，甚至於參加老人活動等能喚起生存力量的誘導會比較有效。

但是對不想參加這類活動的人、不想被關心的人，可要求專門人員積極的關心。為了支援引導出生存的力量，對被認為孤獨的人施予溫暖的照護訪問，並借予緊急通報裝置，在家屬的協助下增加外出的機會等必須持續的支援。依賴專門人員掌握健康（生活習慣的惡化、感染症等）、飲食（是否持續平常的生活）、心理（憂鬱、失智症的徵兆）等狀況是避免緊急事態的重要措施。

(二)專門人員支援的時機

中高齡者當中雖然是孤獨一個人住，但是仍然過著自立生活的人大有人在，這是因為自己本身有能力支持自己自立的存在，如家屬、價值觀、興趣、工作等。一但這些支持喪失了，就會出現生活的問題，出現獨居死亡的危險。大多數的中高齡者夫婦家庭，太太是和社會的接觸點，丈夫大多數不知道服務機構或尋找服務的途徑。由於太太死亡的轉變，專門人員的支援會變成必要的行為。

◆支援的時機①

太太的死亡或年歲增加後退休、失業、入院或生了大病喪失了自主的支援時，個人生活上的問題變得明顯。

雖然本人是竭盡全力努力下去，但慢慢的孤獨感會增加，發生不外出的狀態，同時整理住家屋內外的能力退化，成為潛在的社會問題。

◆支援的時機②

進入①的狀況時，室內的居住環境變差，清潔身體能力下降，更進

一步沒有吃飯或一餐分做兩次吃，兩餐以上吃同樣的東西等，飲食營養跟著降低，在精神上放棄的念頭增加，漸漸接近危險的狀態。

◆支援的時機③

　　進入②的狀況時，身心的狀況比以前更惡化，生活環境、身體狀況、心理狀態惡化，進入非常危險的狀態。過了這個時期，身邊的人會漸漸少去，連迎接大限時都很慢才被發現（房貸、貨款、水電費遲繳等終於發現），陷入悲慘的事態。

　　支援的時機不像是畫圖一樣很輕鬆就能看出，這類人看起來是很容易獨居死亡，話是如此，但也不是馬上會出現狀況。可是如果繼續做照護的訪問時就可以看到不同變化。訪問這件事也可以促進整理環境的意志力。

　　獨居死亡沒有模式，由專門人員明確的觀點從一個人生活的方式來判斷危險度的高低是有其必要性的。

　　豐富的社會中，孤獨的中高齡者在社區裡有很多。孤立的生活會增加並擴大孤獨感，漸漸地奪去生活的力量。很多中高齡者是在過去的社會第一線活躍打拚進而建造了現代的基礎，說現在的繁榮是由中高齡者們建立的也一點都不為過，但是心中依然青春的過著老年人的生活還有多少呢？成為七老八十歲的長者，只靠著微薄的老人年金忍耐過日的中高齡者卻很多。不讓獨居死亡發生，讓每一個人都能迎接人生最後一段，才能說是繁榮永續的社會不是嗎？

　　第七章的最後把在大阪府議會中對獨居死亡對策的質詢的一部分介紹出來，作為這章的結束。

這些人們，從戰爭中、戰爭後的困難時代中生存下來。是建立了今日社會的過來人，在人生中最後的階段於沒有被照顧狀況下結束生命，令人感到心痛。

　　照護保險的設立而使照護社會化，需要照護的高齡者一方面能接受適當的照護，一方面能在住慣的家中長久生活。

　　獨居的中高齡者或只有高齡者夫婦的家庭在增加中，每位中高齡者每天能受到家屬的照護，早已是無法實現的狀況，所以必須要考慮到中高齡者的照護社會化。

　　一方面接受溫暖的照護，中高齡者一方面在住慣的社會中不孤獨而繼續生活是社會應有的狀況，應該要這麼考慮的不是嗎？

（2005年度大阪府議會決算委員會吉村議員質問）

Chapter **8**

永續不斷　打造健康身體
～輕鬆地快樂地　持之以恆～

　　志工們應該舉行各式各樣的照護預防活動，以讓高齡者有更多的機會參與，像是研習會、定期的聚會或是社區聯誼會等，這些場合中，只要多一位參加者，便是好事，而且，為了繼續打造健康的身體，必須讓參加者感覺活動是快樂的、有趣的。

　　雖然高齡者們知道照護預防活動是重要的，但是要開始接受新的事物其實非常困難，最初您可能感到十分不安，心裡會想「做什麼好呢？」、「做得到嗎？」、「誰會來呢？」等問題，想著這些問題的同時，便會不知不覺走到了會場。

　　此時，只要將想法轉換為「好像很快樂似的」、「自己好像也能做得到」等，並勇於去嘗試這些新的事物，便能夠持續參與這些活動。

　　在這一章裡要介紹的是，怎麼樣的照護預防活動能讓參加者們感到快樂，並願意繼續參加這些活動的破冰遊戲、能讓參加者的交流更深入的遊戲，或激發參加者動機的技巧或實際案例。

 一、破冰

　　剛開始參加新的活動時，誰都會感到緊張。就算參加了許多次，但是還是會有人覺得要和其他人輕鬆的談話是一件很不容易的事情。

　　而破冰就是要消除參加者的緊張感，或是為了讓大家能夠互相鼓勵而成為夥伴，以達到增加參加者參與活動的動機為首要目的。

　　在這裡介紹幾個遊戲，請依照參加者的狀況並配合目的做適當的安排。

(一)開始時的遊戲

　　在工作人員與參加者或參加者之間的關係尚未建立時，可進行下面

的遊戲。第一次見面的參加者要在大家面前講話會感到很緊張，在自我介紹前可以稍微緩解一下緊張的氣氛，或者在彼此要進一步互相暸解時利用機會進行。

◆ 後出的猜拳

　　「一、二、三猜」和參加者全體一起猜拳。

　　最初是「大家猜！我會大聲喊我要出的拳，你們就和我出一樣的拳」一面催促，一面猜拳。例如：

　　　　「一二三猜（剪刀）、猜～～（剪刀）」

　　　　接著是「猜贏我」
　　　　「一二三猜（布）、猜～～（剪刀）」

　　　　接著是「猜輸我」
　　　　「一二三猜（石頭）、猜～～（剪刀）」

◆石頭、布

活動領導者喊「開始」，右手在右胸前出石頭、左手向前伸出布。左右手交換進行。

手在交換的時候要喊出「耶」的聲音。
（這個反覆交替）

做得順手後，右手在右胸前出布、左手向前伸出石頭。左右手交換進行。
（這個反覆交替）

做得順手後，右手在右胸前出石頭後，雙手拍掌「啪」，左右手交換進行。
石頭與布的反覆交替。

◆一句話的自我介紹

說出有關自己的事情，什麼都可以，但是只用一句話在大家面前介紹。

例如：「我是ABC棒球隊的大球迷，〇〇〇」、「昨天的晚飯，非

常合口味，○○○」等，像這樣的方式進行。其實，一句話，也可以看出
一個人的性格。

◆手指體操

手和手指活動時，可以刺激腦部活化。

請先把兩手的手指互相對好連在一起，然後做成蘋果的樣子，其他
的手指保持不離開，首先由拇指先從後往前迴轉（像風箏捲線一樣）。接
著是食指、中指、無名指、小指，比較困難的放到最後，小指迴轉之後是
無名指。

◆你們大家在哪裡呢？

大家一起唱歌，當出現「呢」的時候，就用雙手拍掌。

你們大家在哪裡（呢）

板橋（呢）

板橋在哪裡（呢）

花蓮（呢）

花蓮在哪裡（呢）

南投（呢）

南投山上有隻狐狸（呢）

狐狸被獵者打死（呢）

煮了（呢）烤了（呢）吃了（呢）

最後用樹的葉子埋了它

你們大家在哪呢？

你們大家在哪呢？

接著，用手打拍子唱歌。這次唱到
「呢」時手不用打。

另外採用兩個人一組的方式，可以建

立夥伴的共識。

　　兩人一組是兩個面對面坐下。「你們大家在哪裡（呢）」開始唱時，兩隻手一起提到胸前互相對拍。

　　「你們大家在哪裡呢」，在「呢」的時候，兩個人互相拍掌。

(二)增加參加者交流的遊戲

◆買東西遊戲～語言接龍

　　大家圍坐成一個圓圈，一邊說「到百貨公司買東西吧」，一邊讓大家思考百貨公司賣些什麼（稍微把思考的時間拉長）。

　　按照順序一個人、一個人說出百貨公司有賣的東西。在說出以後大家都一起拍手「乒，乒」，按照拍手的韻律繼續說下去。例如：

　　「蘋果」（乒，乒）、「紅蘿蔔」（乒，乒）、「高麗菜」（乒，乒）……的情形

　　「……百貨公司」以後，如魚店、花店、購物中心等，有賣任何東西的店都可以拿來作為例子。

◆是的‧的是

　　三至四人一組，坐成一個圓圈。

　　按照順序，每個人都把右手伸出，放在圓的中間，相疊在一起，然後在重疊在一起的右手上面，按照原來順序把左手相疊在一起。因為兩手不得不向中間伸出的關係，與隔壁坐位之間的距離會縮小。這是開始遊戲前的準備動作。

　　當活動領導者看到參加者都準備好時，大聲喊出「是的」；喊出

「是的」的同時，相疊的手中，最上面的手的人，要把最上面的手移動到最下面。練習幾次看看。

接著活動領導者用「的是」用大的聲音叫出來。「的是」是「是的」的相反，所以這次是最下面手的人，把手從最下面移到最上面。

練習幾次以後，試著辨別活動領導者是喊出「是的」還是「的是」，注意聽，再移動手。這個時候會因為「是的」和「的是」兩個混亂而笑出聲來。

這個遊戲不是這樣就結束了，接著活動領導者就大聲喊出「拍」。當活動領導者喊出「拍」的時候，在最下面的手的人要移動手，從重疊的手的上面拍下來。

因為被打的時候會痛，所以參加者就會把手縮回去，如此可增加活動的刺激感。

另外，活動領導者可在「是的」和「的是」之間不斷的重複變換，在快忘記的時候大聲喊出「拍」這一聲。

◆ 號碼和拍手

把椅子排成圓形，參加者全部坐好，活動領導者也一起坐進去。

從活動領導者開始按照順序報數，（大聲）叫出號碼。像這樣「1、2、3、4……」，直到最後一個人。

請每個人記住自己的號碼。可以彼此問「你是幾號……」，做確認。

都確認好之後，活動領導者問「偶數的人，請舉手」，接著問「奇數的人，請舉手」。

讓參加者確定自己的號碼，也讓參加者知道自己是奇數還是偶數。

接著活動領導者就說：

「這樣子從我開始按照號碼的順序叫號，叫到奇數號碼時，請拍手。能一面叫自己的號碼一面拍手嗎？可以嗎？好，開始」說完，活動領

導者本身大聲喊「1」同時拍一下手。

　　進行直到能順利的把號碼和拍手完成後……（通常一次是不能順利完成）

　　活動領導者說：

　　「接下來，奇數的人這次只拍手，不說出號碼……可以嗎？奇數的人不叫號碼只拍手……」

　　確認以後，活動領導者本身說「好了嗎？」大家同意後，大大的拍了一下手，看看下面一位，請他說出「2」。

　　必定有和拍手一起連號碼都叫出來的人、靜靜地等待的人……等等，不能很順利的話，按照號碼進行。

　　練習幾次，知道了要領之後，改由偶數的人或是3的倍數的人等變化看看。

二、促進改變的方法～引起動機的重要性

　　「提升運動機能」、「改善營養狀態」、「提升口腔機能」、「提升認知機能」四種活動課程成為在社區生活的高齡者們交流且快樂的場所。透過活動課程引起動機。照護預防活動課程是「快樂的」、「有趣的」，由參加者本身的感受使參加者願意主動改變自己的行動或生活習慣，這是照護預防活動的目的。

(一)引起動機的方法

◆活用遊戲讓大家笑

　　在活動課程中能使大家笑是使人感到快樂的重要因素。進行破冰遊戲時使參加者笑並感到快樂，以後舉辦活動課程就能順利的進行了。另

外，加強交流的遊戲對促進參加者之間的交流以及團體活動的進行很有幫助。

◆進行以參加者為主體的活動課程

在實施活動課程時，工作人員不是單方面的一直說話或指導，應一面向參加者徵求意見，或請參加者說出自己的感受，一面進行活動課程。

製造出讓參加者發言或敘述意見的氣氛時，才能使參加者自己主動、積極的參加活動課程。

◆說些鼓勵讚美的話～「很厲害」、「很聰明」等肯定的話

對參加者來說，照護預防活動課程是第一次參加的東西，給予參加者動機和肯定的話，能讓他們體驗還不習慣的事物。

說些鼓勵或能夠引起動機的話，例如：

參加者在實際操作或活動課程的體驗上能順利進行或做得很好時，應盡可能地多加使用「很厲害喔！」或「做得很好呢！」等肯定的話語，大部分的參加者聽到鼓勵的話語後都會更加地投入於活動中。

相反的，「不能做了嗎？」、「真遺憾」等否定的語言，應該要盡量避免使用。在發現參加者的優點時，活動領導者應該要打從心底的讚美他。

　　對參加者NG的字，例如：

◆說些能引起動機的話～「能做到了呢！」

　　長期進行活動課程時，可以看出每一位參加者的個性，根據個性，活動課程進行的情形或達成度也會因人而異。雖然是初次嘗試，你會發現有能夠做得很棒的人，也有不能順利達成的人，然而，我們應該要特別針對較不順利的參加者給予積極性的鼓勵。

　　其實，我們自己也會有認為「我不會做」的時候，通常在這種情形，活動領導者應該要告知他們，不要和其他人作比較，並給予「做得很好了！」這樣的鼓勵即可。當在各個不同的階段發現參加者有進步的情形時，也可以給予鼓勵的話語。

(二)促進參加者的交流

　　促進參加者互相交流，可使每次參加活動課程都是一件快樂的事。有了朋友、有了認識的人時，到會場時都會有「可以見到熟悉的人」這般快樂的感受，活動課程的參加率也就能獲得提升。因此，盡可能的在活動初期進行自我介紹並記住彼此的臉和名字，是非常重要的。

　　說些鼓勵或引起動機的話，例如：「很厲害喔！」、「已經能做了！」、「很聰明喔！」、「下次也再努力一下！」。

　　只有一次的自我介紹是沒有辦法記住彼此的臉和姓名的，因此要進行到第二次至第三次才能達成，也可以透過遊戲，介紹參加者或製造一些能說出自己事情的機會。例如：

名字遊戲

　　以記住全部人員名字為目的的遊戲，準備軟一點的球，假如沒有球的話，用舊報紙揉成球狀也可以，參加者全部圍成圓圈坐好，把球丟給一位參加者時說「○○○先生／太太您好，我是○○○」。接到球的人就回答說「○○○先生／太太您好，謝謝你，我是○○○」，然後把球丟給另外一個人，重複同樣的動作。當參加者能夠互相記住彼此的名字後，可以把球的數量增加。

◆製造可以與他人說話的機會

　　當活動課程長期進行時，參與次數的增加會讓有些參加者想坐在同一個人的旁邊，而成了固定的坐法。這時候可以活用遊戲，把座位重新安排，以製造和從來沒有談過話的人有談話的機會。例如：

大風吹遊戲的修改版

　　參加者全部圍成一個圓圈坐好，開始時活動領導者提出一個題目。例如「戴眼鏡的人」或「女性」等和參加者有關的題目。和題目有關的人必須移動坐位，尋找另一個空位坐下。一般搶椅子遊戲必定有一個人沒有位置，這個遊戲因為都有位置，不用競爭，可以慢慢地移動位置而較為安全。最初是活動領導者出題，習慣了以後，由參加者出題也可以。

　　怎樣出題目可以使這個遊戲的趣味性產生不同效果，「早餐吃麵包或飯」、「喜歡吃的食物是肉類或魚類」、「說到甜的東西就想到日式點心或西式餅乾」等，當和自己（參加者）有關的問題被提出時，趣味性也能跟著提高。

◆可以看到的成果形式

　　參加者參加活動課程後的成果，是通過設定參加活動課程的目標而成立的。在活動課程中做到的成果可以用實施前後的評估來展現，也可利用評估後已達成的目標成果來提高參加者參與活動的意願。

　　適當的評估可以成為參加活動課程的動機。但是如果評估成為參加者的負擔時，參加者的意願則會降低。盡可能使用短時間內可執行且成效明顯的項目來評估。例如，體適能檢測的結果製成梯形表格，事前事後的變化可以一目了然表示出來。

　　像這樣的成果評估，花些心思讓參加者共同參與，亦能藉此互相的鼓勵。

　　例如：舉行作品展示會；或在料理教室中，把大家做好的菜拿出來，招待家屬的餐會等。

 # 三、志工領導者的照護預防活動的事例

　　社區居民成為負責照護預防活動的志工的契機，是把自己體驗到「這是很好的！」、「你也做做看」的心意傳達給其他的居民開始。

　　在大阪府中已經實施的照護預防活動，從培訓志工領導者開始，到社區居民實施照護預防活動的實際情形等案例，在此為大家作介紹。

(一)大阪府「街角活動室」的照護預防活動

　　1999年於大阪府中鄉鎮市區裡設立的「街角活動室」（day house）是大阪特有的高齡者福利服務設施。

　　2008年度在大阪府實施的「街角活動室工作人員照護預防活動研修會」中，共有五百名的工作人員參加，其中包括街角活動室的營運者和志工等。作為社區志工，為了能夠實施提升運動機能、口腔照護、預防失智症等計畫，透過課程教學、實際操作和演練後，順利的通過了照護預防指導員的認證。

　　街角活動室會舉行各式各樣的趣味活動，如體操、健走、跳舞等的身體活動，吉他、手鑼、夏威夷小吉他（烏克麗麗）等的音樂活動，或是攝影、購物等的趣味活動。活動室可以提供給社區居民們舉辦各式各樣的活動，讓高齡者們能夠參與活動並得到快樂。

　　街角活動室的特徵是營運者本身也是社區居民。也有人把自己的房子改裝或買下超級市場的二樓作為居民的集會場所。另外，支援、領導活動進行的志工們也是社區的居民。

　　社區的居民共同支持會舉辦許多活動的街角活動室，並以此作為照護預防活動的據點，加以整理規劃後，開始了社區居民的照護預防活動。

社區裡的志工也會學習照護預防活動的知識，並且以照護預防的觀點舉辦各式活動，幫助社區居民建立良好的習慣，使健康無病痛成為可能。

(二)在H市社會福利協議會舉辦「培訓志工指導員研習會」完成後參加人員成立「健康廣場」

在H市內的社會福利協議會營運中有三個高齡者活動中心，在各中心的主持下，一年舉辦一次「照護預防培訓志工指導員研習會」。

研習會是一週一次，每次一個半小時的課程，一共十次。從中心的使用者開始，透過市政府的宣傳海報、每日廣告單，號召居住在中心周邊的中高齡者參加。

培訓研習能事先讓參加者注意到自己的健康的重要性，為了不成為臥床不起的人，今後要開始做什麼事去預防，以及平時運動、走路的重要性等，讓參加者一面建立保持健康身體的動機，一面學習如何簡單安全地訓練自己的身體從而保持健康，如訓練平衡感的方法等。

在研習過程中必須要特別考慮的事情是參加者完成研習後，在高齡者中心成為負責照護預防活動的志工指導員，應要提醒他們時常參與社區居民的健康促進計畫。

研習後的意見徵詢表中，參加者們感覺到健康真的非常重要，而後更覺得身為一名志工要把這重要性好好的傳達給更多的人。

在研習會中，我們會要求參加者們自己討論，自己能夠做些什麼？什麼是自己能做的事？從自己能做得好的地方開始做起，這是非常重要的。在研習的過程中，有參加者說：「從明天開始要和先生一起散步」，更覺得，首先要把注重健康這個信息傳達給自己的家人、朋友，照護預防的志工活動才能開始。

研習會結束後，參加者們經過商量，為高齡者活動中心利用者規劃

一個活動範圍，成立了「健康廣場」。健康廣場是以體操、娛樂活動或遊戲為中心做一個訓練以促進健康的場所，每個月一次提供給中心的利用者使用。

(三)H市以老人社團為推廣照護預防活動之對象

H市的老人社團聯誼會在2007年以H市內老人社團的會員為對象，開始實行全校區培訓照護預防志工指導員研習會之實施計畫。到2008年的兩年間，約有二十個校區舉辦了研習會。且每一個校區皆為一週一次，一次一個半小時，共十次。

課程內容是以提升運動機能為主要重心，同時也提供「提升認知機能」為主題的課程，另外也有健口體操、數學計算等可以提升認知機能的活動。

在各校區會長的招手下，每次的參加者約為二十名左右。參加者之中也有著「什麼是照護預防？」「這裡是要做什麼事？」等對照護預防活動或者打造健康身體一點概念都沒有的人，在另一方面，也有想在日常生活中透過活動打造健康身體，而抱持著很大興趣的人參加。各類體力、意願及對研習會感興趣程度各不相同的人開始集結於此。其中有第一次參加研習會的人，全部借了計步器並每天記錄走過的步數；也有一些人是勉強參加的。

但隨著參加研習會的次數增加時，參加的人會慢慢地對每週一次的研習會感到期待，特別是最初沒有興趣和意願的人，「膝蓋的痛減輕了」、「每次來都很快樂……」變成有意願、願意參加研習會了，且對日常運動的關心，也提高了許多。

「今天我用走路到會場」、「這個星期每天平均走了八千步」，慢慢地向同學夥伴表示自滿的人也增加了。

另一方面，因研習會快要結束而感到遺憾的人也增加了。

在研習會的最後一天，我們讓每一個人在大家面前發表自己對研習會結束後要做什麼事、能做什麼事和自己的目標是什麼。有的人說：「今後還是會持續健走的」、「體操會繼續做」，也有「我想在老人社團的總會中介紹體操」的人。對於想向別人傳達自己學習到的東西的人，必定也會陸續的出現。

H市的S校區，在研習會結束後，參加者們自動自發地成立了一個團隊，並成立了健康促進教室，把在研習會中學到的體操和遊戲提供出來。但是隨著健康教室的成立，研習會中學到的體操和遊戲在重複了數次後，有些人會覺得「一直重複一樣的東西，大家會感到厭煩的……」

為了指導參加的人，活動帶領者便會開始自主學習新的體操或新的遊戲，有意願再次接受研修的人數大大的增加了。

在其他的校區也是一樣，當老人社團舉行校區總會時，接受過研習的會員會向其他的會員介紹自己在研習會中學到的體操方法，更有許多社區居民把照護預防活動的重要性分享出去，這使照護預防得以擴散出去。

老人社團的會員從照護預防活動的參加者變為有責任任務的人，其中不只影響了他們的生活方式，也讓他們承擔下這項為社區居民傳達健康之重要性的任務。這件事可說是改變了老人社團所要達成的任務的實例。

如上所述，參加了培訓照護預防志工研習會的社區居民們開始注意到促進和建立自身健康的重要性，也由研習會的參加者變成照護預防活動的執行者，猶如從草根做起，進而促成全民運動。

來參加研習會的人群中也有「已經年紀大了……」、「從現在才開始太晚了……」等抱持著否定想法的人。但是從另一方面思考「現在還可以做……」、「現在開始還不太晚……」、「自己能做的有哪些……」等把負面的想法轉變成擁有向前看往前行的正面想法，進而願意從事志工的活動，還是有可能的。

只因為對家屬、朋友或鄰居中的任何一個人說：「一起試試看好嗎？」的契機下，才有更多的人參加照護預防的活動。誰從背後向前推或者從前面拉，一起參加的力量能使照護預防的活動推展開來。

　　以照護預防活動為契機，像這樣根據社區居民互相聯合並由行政機關或健康服務中心來支援的模式，也可以和防止孤獨死亡的照護工作結合在一起。

　　在向社區居民傳遞照護預防活動的重要性時，專業人員的協助也有著一定的重要性，儘管專業人員的力量始終有限，但即使只是多一個人也好。注意到照護預防活動重要性的社區居民成為了志工，並且在專業人員的支援下一起合作。這樣的工作模式需要在社區的各個地方推展開來，而這也是現在社區正需要的工作。

國家圖書館出版品預行編目 (CIP) 資料

老人健康活動設計 / 重信直人, 今木雅英
　　監修 ; 林博司, 李劭懷譯 . -- 初版 . --
　　新北市 : 威仕曼文化, 2013. 01
　　　面 ；　公分 . -- (老人服務叢書)
　　譯自 : シニア健康プロジェクト
　　ISBN　978-986-6035-11-1(平裝)

　1. 老人養護　2. 健康照護

544.85　　　　　　　　　　101026774

老人健康活動設計

監　　　修／重信直人、今木雅英
編　　　集／三宅基子、山崎一男
譯　　　者／林博司、李劭懷
出 版 者／威仕曼文化事業股份有限公司
發 行 人／葉忠賢
總 編 輯／閻富萍
地　　　址／新北市深坑區北深路三段 260 號 8 樓
電　　　話／(02)8662-6826　(02)8662-6810
傳　　　真／(02)2664-7633
網　　　址／http://www.ycrc.com.tw
　E-mail　／service@ycrc.com.tw
印　　　刷／鼎易印刷事業股份有限公司
　I S B N　／978-986-6035-11-1
初版二刷／2017 年 1 月
定　　　價／新臺幣 300 元